JN301188

目からウロコ！
こんなにやさしかった
公益認定　〔新版〕

内閣府公益認定等委員会
初代常勤委員（委員長代理）／公認会計士
佐竹 正幸 著

税務経理協会

新版　はしがき

　公益法人制度改革は「民による公益の増進を目指して」を標榜する大改革です。

　公益法人制度改革は従来のがんじがらめで縦割りの主務官庁制から脱却し，創意工夫に満ちた自由な公益活動が期待されているところですが，その本来の趣旨が浸透せず，「公益法人は大変で，一般法人は楽。」と短絡的にとらえられ，本来，公益法人にふさわしい法人が一般法人を選択している傾向が強いように感じられます。

　また，平成25年11月末日の移行期限までに公益法人か一般法人かの選択をして行政庁に申請し，移行認定・認可を受けることが最終目標，ゴールであるかのように思われている節があるようにも思われます。

　本当に「公益法人は大変で，一般法人は楽。」なのかどうか。「移行認定・認可を受けることはゴール。」なのかどうか。

　私は次のように思っています。
「公益法人は決して大変でない。一般法人は決して楽でない。」
「移行認定・認可を受けることはゴールでなく，新制度のスタート。」
　公益法人制度改革に関する世の中の誤解を解く一助になればと思い，初版に主にこの２点を追加して新版とさせていただきました。

　新版出版に際しても初版同様，税務経理協会の新堀博子氏に大変お世話になりました。ここに記して謝意を表します。

平成23年８月

佐竹　正幸

はしがき

　平成20年12月１日に施行された公益法人改革３法は難解であり，特に新制度での公益法人になり，それを維持していくことはかなり難しいといった評判が聞かれます。私は内閣府公益認定等委員会の初代常勤委員（委員長代理）として３年間の任期を務めましたが，確かに条文を読むとかなり読みにくいですが，基本は単純な制度であると理解しています。そこで，各種研修会等の質疑応答からいくつかを紹介することにより「公益認定はこんなにやさしかったのだ！」ということを理解していただき，世の中の誤解を解こうという趣旨で本書を執筆することとしました。

　私が本書で解きたい誤解は次のようなものです。
　⑴　「公益認定のハードルは高い。」
　⑵　「公益認定になるともうけられない。」
　⑶　「公益認定になると監督が厳しく，それに逆らうと認定取消しになり，財産を没収される。」

　本当は次のようなことです。
　⑴　公益認定のハードルは低い。
　⑵　公益法人はもうけられるが利益分配はできない。
　⑶　認定取消しによる財産没収などはほとんど予定されていない。

　そして私の主張は「税制優遇を受けることにメリットがある法人は公益認定を受けるべき。」ということです。納めなくてもよい税金を公益活動の財源にすることがこの制度改正の最大の柱です。寄付文化の醸成には時間がかかるかもしれませんが，税金の効果はすぐにあらわれます。「民による公益の増進を目指して」公益認定を目指すべきです。

本書の構成は「Ⅰ　総論」と「Ⅱ　各論」の2部構成となっています。私が公益法人制度に関する各種研修会で必ずお話しするのはこの「Ⅰ　総論」の部分です。公益法人制度の基本はこれですべてといってよいと思います。この「Ⅰ　総論」だけお読みいただければ新制度のすべてがお分かりいただけます。社団法人・財団法人の理事長の方々はここだけお読みください。

　「Ⅱ　各論」は枝葉末節，あるいはとんでもない誤解などについての質疑応答となっています。読みたいところだけ，辞書のようにお使いいただければ結構です。

　本書は今般の公益法人制度改革の正しい理解のために，なるべくやさしく書いたつもりです。そのため，必ずしも正確でない表現や，言葉足らずのところもあるかと思いますが，足りないところは内閣府のホームページをご参照ください。

　「新たな公益法人制度への移行等に関するよくある質問（FAQ）」
　「公益認定等に関する運用について（公益認定等ガイドライン）」
　「申請の手引き（移行認定編，移行認可編，公益認定編）」
　その他，必要で正確な情報が無料でインターネットから入手できます。

　本書の執筆にあたっては，各種研修会等でご質問をお寄せいただいた方々にお礼を申し上げたいと思います。
　また，公益認定等委員会事務局の各位と池田守男委員長はじめ，委員各位には大変にお世話になりました。特に松前江里子氏と齋藤健氏には共同執筆者と言えるほどのご協力をいただきました。さらに本書の刊行にあたっては，税務経理協会の新堀博子氏に大変お世話になりました。ここに記して謝意を表します。

　平成22年11月

　　　　　　　　　　　　　　　　　　　　　　　　　　　佐竹　正幸

目　次

新版はしがき
はしがき

第Ⅰ編　総　論

1　はじめに　　2
(1) 新公益法人制度の骨格 …………………………………………… 2
(2) 主務官庁制からの脱却と今後の法人運営 ……………………… 3
(3) 新制度における公益法人と行政庁の役割 ……………………… 4
(4) 新制度への移行 …………………………………………………… 4
(5) 新制度の施行状況 ………………………………………………… 5

2　公益認定のポイント　　6
(1) 公益認定のポイント ……………………………………………… 6
(2) 公益認定基準の主なもの（公益認定のハードルは高いか？） ………………………………………………………………… 6

3　一般法人への移行認可のポイント　　8

4　公益法人，一般法人選択の判断基準　　10
(1) 税務上のメリット ………………………………………………… 10
(2) 多くの誤解と私の主張 …………………………………………… 11
(3) 一般法人選択のデメリット ……………………………………… 12

（4）　公益法人への移行は公益増進のチャンス ………………………13

5　新制度での法人運営の留意点　　　　　　　　15

第Ⅱ編　各　　論

1　法人の対応　　　　　　　　　　　　　　　　18

　（1）　制度改革への対応手順 ………………………………………………18
　（2）　定款変更案作成へのアドバイス……………………………………18
　（3）　法人形態選択の法人内手続き………………………………………19
　（4）　理事・評議員の人選 …………………………………………………19

2　申　請　時　期　　　　　　　　　　　　　　20

　（1）　処分時期の調整 ………………………………………………………20
　（2）　期限ぎりぎりに申請すると有利？ …………………………………20
　（3）　早く申請すると不利？ ………………………………………………21

3　公　　益　　性　　　　　　　　　　　　　　22

　（1）　同業者・社団法人などの公益性……………………………………22
　　　ア　医師会などの例………………………………………………………23
　　　イ　保険セールスマンの例………………………………………………24
　　　ウ　社団法人：共益からの脱却と会員の説得…………………………24
　（2）　**医療事業の公益性** …………………………………………………25
　　　ア　医療事業の公益性（別表該当性）……………………………………25
　　　イ　夜間診療，救急診療など……………………………………………26
　（3）　**営利競合の公益性，ボイラーの点検** ……………………………27

- （4） 指定管理者などの考え方 ……………………………………… 27
  - ア　営利競合 …………………………………………………… 27
  - イ　行政機関からの受託事業（指定管理者）………………… 28
  - ウ　その他の指定管理者の例 ………………………………… 30
- （5） その他事業の公益性 ……………………………………………… 31
  - ア　共済事業の公益性 ………………………………………… 31
  - イ　貸席業の公益性 …………………………………………… 31
  - ウ　展示会の公益性 …………………………………………… 31
  - エ　特定の学校を支援する事業の公益性…………………… 32
  - オ　分収林事業の不特定多数性 ……………………………… 32
- （6） 特別の利益 ……………………………………………………… 33
  - ア　特別の利益の概念 ………………………………………… 33
  - イ　特別の利益の例（その１）家賃 ………………………… 34
  - ウ　特別の利益の例（その２）過大な講師謝礼 …………… 34
  - エ　助成先を選定する委員会の構成（公平性・透明性）…… 35
- （7） 公益認定，その他 ……………………………………………… 35
  - ア　株式保有と公益認定 ……………………………………… 35
  - イ　支部の取扱い ……………………………………………… 36
  - ウ　学校法人の支援の仕方と学校のガバナンス…………… 36
  - エ　経理的基礎：赤字が継続している法人について……… 37
  - オ　一部でも公益事業を行っていれば公益認定は可能！…… 37

4　移行認可　39

- （1） 公益目的財産額の算定等 ……………………………………… 39
  - ア　会費収入（公益目的財産額の減らし方）……………… 39
  - イ　公益目的財産額と退職給付の移行時差異 ……………… 39
  - ウ　不動産の損失と公益目的支出計画 ……………………… 40
  - エ　美術品の評価 ……………………………………………… 40

　　　　オ　公益目的財産額の算定と不動産の価額…………………………41
　　　　カ　有価証券の評価方法について……………………………………42
　　　　キ　公益目的財産額を減らすための財産の費消……………………42
　（2）　公益目的支出計画……………………………………………………43
　　　　ア　公益目的支出に該当する事業…………………………………43
　　　　イ　公益目的支出計画に該当しない事業…………………………43
　　　　ウ　実施事業収益としないことができる収益……………………43
　　　　エ　実施事業の経費と認められない費用…………………………44
　（3）　継　続　事　業……………………………………………………………44
　　　　ア　継続事業についての主務官庁の意見…………………………44
　　　　イ　主務官庁が認め，合議制の機関が否定する継続事業………45
　　　　ウ　継続事業と認められない場合の対応…………………………45
　　　　エ　主務官庁の指導監督と継続事業………………………………46
　（4）　公益目的事業………………………………………………………………47
　　　　公益目的事業の判断…………………………………………………47
　（5）　特　定　寄　付………………………………………………………………47
　　　　ア　日本赤十字社への寄付…………………………………………47
　　　　イ　ＮＰＯ法人への寄付と法人の解散……………………………48
　（6）　確実に実施できると見込まれること……………………………………48
　　　　ア　法人全体の収支……………………………………………………48
　　　　イ　実施事業以外の事業収支………………………………………49
　（7）　計画実施期間………………………………………………………………49
　　　　ア　計画実施期間の目安：その1…………………………………49
　　　　イ　計画実施期間の目安：その2…………………………………49
　　　　ウ　計画実施期間の目安：その3…………………………………50
　（8）　公益目的支出計画の例（ある医師会の例）……………………………50
　（9）　移行認可その他……………………………………………………………52
　　　　ア　認可後の提出書類…………………………………………………52

イ	移行法人の収益事業	52
ウ	計画の延長	53
エ	計画の終了	53
オ	係争事件の取扱い	54
カ	キャッシュアウトと会計区分	54
キ	有限責任中間法人と移行法人との違い	55
ク	学術団体の優遇措置	55
ケ	長期の公益目的支出計画の監督の実効性	56
コ	移行認可は非営利型か？	56
サ	一般法人に移行した後に公益認定を目指す	56
シ	公益目的支出計画作成上のポイント	57

5 合議制の機関および行政庁　　58

- （1）合議制の機関の組織 … 58
- （2）審議の統一性 … 59
  - ア　国と地方の判断の差 … 59
  - イ　国と地方の連絡状況 … 59
- （3）不認定理由 … 60
  - ア　不認定理由：その1 … 60
  - イ　不認定理由：その2 … 60
- （4）合議制の機関と行政庁，その他 … 61
  - ア　認定までの期間 … 61
  - イ　個別相談 … 61
  - ウ　申請後処分前に決算を挟んだ場合の追加提出書類 … 61
  - エ　申請の取下げと不認定処分 … 62
  - オ　再申請 … 62
  - カ　主務官庁の指導監督と行政庁の監督との違い … 63

6 会　　計　　　　　　　　　　　65

- （1）会 計 基 準 ……………………………………………………………65
  - ア　平成20年会計基準の適用時期……………………………65
  - イ　　ガイドラインと会計基準の位置づけ……………………………65
- （2）事 業 区 分 ………………………………………………………………66
  - ア　事業のまとめ方（総論）……………………………………66
  - イ　定款と計算書類……………………………………………66
  - ウ　事業のまとめ方（公益認定）………………………………67
  - エ　事業のまとめ方と収益事業…………………………………67
  - オ　収益事業の区分経理………………………………………68
  - カ　銀行口座の区分……………………………………………69
- （3）公益目的事業比率 ………………………………………………70
  - ア　無償の役務提供（ボランティア）…………………………70
  - イ　無償の役務提供の具体例…………………………………70
  - ウ　みなし賃料…………………………………………………71
- （4）費用の配賦 ……………………………………………………………71
  - ア　費用の按分は必須か？……………………………………71
  - イ　共通費の按分と根拠証跡…………………………………72
  - ウ　費用の配賦方法……………………………………………72
  - エ　配賦計算表の位置づけ……………………………………73
- （5）役 員 報 酬 ……………………………………………………………74
  - ア　役員報酬基準の開示………………………………………74
  - イ　役員報酬支給の支障………………………………………74
  - ウ　役員報酬等の配賦明細と配賦計算表の記載………………75
- （6）管理費の財源 ……………………………………………………76
  - ア　寄付金収入の計上区分……………………………………76
  - イ　寄付金を管理費の財源とする方法…………………………76

ウ　公益目的事業しか実施していない場合の管理費の財源……………76
　　　エ　社団法人の会費収入の計上区分……………………………………77
　　　オ　会費収入と実施事業……………………………………………………77
　　　カ　申請書類と財務諸表の管理費…………………………………………78
　　　キ　企業の会計慣行との整合性など………………………………………78
　（7）　収 支 相 償……………………………………………………………79
　　　ア　収支相償の精神…………………………………………………………79
　　　イ　収支相償を貫くと純資産は減少のみ？………………………………79
　　　ウ　収支相償のクリアの仕方………………………………………………80
　　　エ　第1段階と第2段階の収益……………………………………………80
　　　オ　収支相償（第1段階）と事業区分：その1…………………………80
　　　カ　収支相償（第1段階）と事業区分：その2…………………………81
　　　キ　収支相償（第1段階）が途中で満たせなくなった場合の対応……82
　　　ク　収支相償（第1段階）と特定費用準備資金…………………………83
　　　ケ　運用益の計上区分………………………………………………………83
　　　コ　収支相償（第2段階）と資産取得資金………………………………84
　　　サ　保育園の例………………………………………………………………84
　　　シ　判定期間は長期でもよいか……………………………………………85
　　　ス　借入金の返済……………………………………………………………86
　　　セ　特定費用準備資金と資産取得資金……………………………………86
　　　ソ　資産取得資金の積立て限度額…………………………………………86
　　　タ　特定費用準備資金と資産取得資金……………………………………87
　　　チ　特定費用準備資金の取崩し……………………………………………87
　（8）　収益事業の利益の公益事業への繰入れ………………………………88
　　　ア　収支相償と収益事業からの利益の繰入れ……………………………88
　　　イ　50％繰入れと50％超繰入れとの違い…………………………………88
　　　ウ　貸借対照表の区分経理が必要な場合…………………………………88
　　　エ　貸借対照表の区分方法と継続性………………………………………89

- (9) 遊休財産 …………………………………………………………… 90
  - ア　特定資産と遊休財産額 ……………………………………… 90
  - イ　公益目的事業を行うために必要な収益事業等，管理運営に
    供する財産 ……………………………………………………… 90
  - ウ　リース資産と遊休財産 ………………………………………… 91
- (10) 指定正味財産 ………………………………………………………… 91
  - ア　寄付金 …………………………………………………………… 91
  - イ　元本と果実：その1 …………………………………………… 91
  - ウ　元本と果実：その2 …………………………………………… 92
- (11) 共有割合 …………………………………………………………… 93
  - ア　共有割合：その1 ……………………………………………… 93
  - イ　共有割合：その2 ……………………………………………… 93
- (12) 会計，その他 ……………………………………………………… 94
  - ア　基本財産の財源等 ……………………………………………… 94
  - イ　基金 ……………………………………………………………… 94
  - ウ　税務申告と損益計算 …………………………………………… 95
  - エ　関連当事者との取引の開示 …………………………………… 95
  - オ　税効果会計 ……………………………………………………… 96

7　機関，その他　　　　　　　　　　　　　　　　　　　　　97

- ア　役員の3分の1規定 ……………………………………………… 97
- イ　評議員 ……………………………………………………………… 97
- ウ　新公益財団法人の監事の監査報告書 …………………………… 98
- エ　申請書への事業内容の記載方法 ………………………………… 98
- オ　法人の所在の独立性 ……………………………………………… 99
- カ　公益認定取消し後の法人運営 …………………………………… 99

8 その他のよくある誤解　100

- ア　認定取消しのリスク：連座制が怖いから一般法人を選択した方がよい？ ……………………………………………………100
- イ　認定基準に違反するとすぐに認定取消し？ …………………101
- ウ　一般法人の前例があると公益認定は無理？ …………………101
- エ　流動資産は遊休財産？ …………………………………………102
- オ　無配の株式は公益目的保有財産にならない？ ………………103
- カ　借入金のある法人は公益法人になれない？ …………………103
- キ　基金は一切取り崩せない？ ……………………………………104
- ク　特定資産は単一の事業にしか使えない？ ……………………105
- ケ　社団法人の基金と財団法人の基金とは同じ？ ………………105
- コ　役員の3分の1規制 ……………………………………………105

索　引 ……………………………………………………………………107

第Ⅰ編　総　　論

1 はじめに

(1) 新公益法人制度の骨格

Q1 新しい公益法人制度の骨格はどのようなものですか。

Answer
　　　　　　　内閣府のキャッチフレーズは「民による公益の増進を目指して」です。従来は「主務官庁制」といって，主務官庁に公益性があると認められたところだけが法人を作ることができました。また，法人運営について法律上の詳細な規定はなく，俗に箸の上げ下ろしまでといわれるように何をするにも主務官庁に事前にお伺いを立てなければいけない制度でした。さらに，法人の設立や運営のための要件は主務官庁の裁量に委ねられていたので，主務官庁ごとにばらつきがありました。

　新制度ではこの主務官庁制から脱却し，「法人格の取得」と「公益性の判断」とを分離しました。社団法人の場合は二人以上の人がいること，財団法人の場合は300万円以上のお金があること，という法律の要件を満たせば登記だけで誰でも法人格を取得できるようになりました。

　公益性の判断は，従来，主務官庁の裁量に委ねられていて，基準がなかったのですが，今回は法律，政令，内閣府令，ガイドラインなどで判断基準を明確に定め，その基準に合致しているかどうかは民間有識者からなる合議制の機関（国にあっては公益認定等委員会）が判断するようになりました。そして，従来，主務官庁に事前にお伺いを立てて事業を行っていたという制度がなくなって，法人が創意工夫をこらして自由に公益活動を行えるようになりました。

　これを一言でいえば「裁量による事前規制からルールベースの事後チェック

へ」変わったということができます。

　さらに，従来は国が税金という形で国民からお金を集め，補助金や業務委託費という形で公益法人にお金を配るという，「官による公益」でした。今後は，国民がよい活動をする公益法人に直接寄付をして，寄付をした者は税金が安くなる。寄付金の集まる公益法人の活動は活発になる。これが今回標榜している「民による公益の増進を目指して」の意味するところです。

（2）　主務官庁制からの脱却と今後の法人運営

Q2　主務官庁制からの脱却というと今後の法人運営はどのように変わるのでしょうか。

　　　新制度のもとでは法人自らの創意工夫による運営が重視されます。その前提として法人のセルフ・ガバナンス（内部統治）が重要になります。今までのガバナンス（統治）は主務官庁が支えてきたと言えるわけですが，それがなくなりますから180度の変化です。法人の理事，監事などの役員は名誉職で無報酬で，誰に責任があるのかわからないといった体制であったともいえます。今後は株式会社と同じように自分のところで全部の責任を持って運営していくことになります。理事，監事，評議員の役割は格段に重要になります。特に，従来の評議員は任意の制度で，理事会の諮問機関といった位置づけでしたが，新制度では評議員会は法定の機関となり，さらには株式会社の株主総会と同等の位置づけになり，理事，監事の選任・解任の権限を持ち，評議員の任期も4年間保証されており，強大な権力を持つことになります。その裏返しに責任もあるのであって，新制度の法人の役員等に就任される場合には，法人のガバナンスが重要になるということを十分に自覚されて就任されることが必要です。

　理事会，評議員会は従来，代理出席が認められていましたが，新制度では本

人出席が必要になりました。代理人ではなく自分で出席できる人を選任する，また，定足数を満たせるような人数に絞ることも必要です。

　さらに，法人の活動内容や予算・決算を開示して，寄付金をより多く集めるための活動をすることも期待されています。公益法人におけるディスクロージャー（情報開示）の重要性が高まります。

（3）　新制度における公益法人と行政庁の役割

Q3　新制度における公益法人はどのような法人なのでしょうか。また，行政庁の監督・立入検査の視点について教えてください。

　新制度における公益法人は公益目的事業を主たる目的とする法人です。また，行政庁の役割は旧来の主務官庁とは異なり，あくまで法令に従って適正に事業が運営され，認定基準に適合しているかどうかについての観点に限って監督・立入検査が行われます。また，一般法人にも公益の担い手としての役割が期待されています。

（4）　新制度への移行

Q4　新制度への移行はどのように行われるのでしょうか。

　従来の社団法人・財団法人は平成25年11月30日までの移行期間の間に新制度の公益法人への移行の認定を受けるか，一般法人への移行の認可を受けるかの選択をして，行政庁に申請をします。不認定や不認可になった場合には移行期間の間は何度でも再申請ができ

（5） 新制度の施行状況

Q5 新制度への移行のための申請の出足が悪いようですが，主な原因は何ですか。

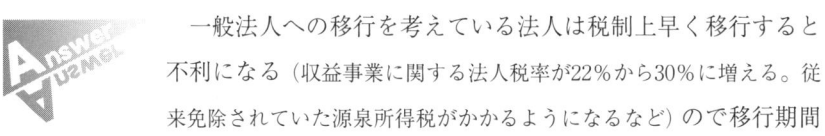

Answer　一般法人への移行を考えている法人は税制上早く移行すると不利になる（収益事業に関する法人税率が22％から30％に増える。従来免除されていた源泉所得税がかかるようになるなど）ので移行期間の最後の方に移行しようとしていることが最大の原因ではないでしょうか。その中には公益認定のハードルは高く，公益法人になるともうけられず，監督が厳しく，財産を没収されるリスクが高いといった誤解に基づいて，一般法人に移行することを決めている法人も多いのではないかと思います。

また，類似の事業を行っている法人の認定・認可の処分状況を見ている法人も多いのではないでしょうか。特に全国の都道府県，市町村に同類の法人が多数あって，それを束ねる全国組織の法人があるような場合には，全国組織の法人の動向をみてから方針を決めるところも多いと思われます。

中には新制度についての理解が不十分で，方針が決められないところもあるかもしれません。

さらには従来の主務官庁制にどっぷりとつかりきっているために，主務官庁の指導を待っているところもあるのかもしれません。いずれの原因の場合でも，まずは早めに公益認定を目指す努力をし，何がネックなのか，そのネックは長期的にも解消することができないのか，などについて検討し，移行する方針と時期とを余裕を持って決めることが重要です。

2 公益認定のポイント

(1) 公益認定のポイント

Q6 公益認定のポイントについて教えてください。

A 公益目的事業を行うことを主たる目的とするものであることが必要です。

公益目的事業とは公益性のある事業（認定法第2条第4号別表各号に掲げる事業）であって，不特定かつ多数の者の利益の増進に寄与するものとされています。法人が複数の事業を行っている場合には，それぞれの事業について公益目的事業に該当するかどうかが判断されます。不特定の要件も重要です。特定多数の者の利益を排除しているからです。社団法人の会員限定の事業，共益事業，共済事業は公益事業に該当しません。

(2) 公益認定基準の主なもの（公益認定のハードルは高いか？）

Q7 多くの法人の方が，公益を目指したいけれども，実際は難しいのではないかという印象があって躊躇していると聞きますが，実際難しいのかどうか，審査された立場からはいかがでしょうか。

　　　　　公益認定のハードルは決して高くありません。公益認定に関
　　　　する基準では，よく，「収支相償」，「遊休財産額保有の制限」，
　　　　「公益目的事業比率」の３つのハードルが高いと言われている
ようです。収支相償，遊休財産額規制については，若干専門的になりますが，
資金提供者から資金の使途に指定があるものについては「指定正味財産」と
して整理することによってクリアできることがあります。それでも収支相償をク
リアできない場合，寄付金等がなく，事業収入しかないような法人の場合でも，
短期的には「特定費用準備資金」，長期的には「資産取得資金」のような形で
整理をすれば，収支相償と遊休財産額保有の制限についてはほとんどクリアで
きるように設計されていますので，これで公益認定をあきらめている法人は，
早めに公益認定等委員会事務局や筆者などに相談されることがよろしいと思い
ます。公益法人はお金を公益のために使うならば，整理の仕方によっては，い
くらでももうけられるようになっているといえます。公益目的事業比率につい
ては，例えば収益事業で売店や食堂などを行っているために公益目的事業比率
を達成できない法人の場合には，その事業を直営方式から委託方式に変更して
利益は従来同様に確保しながら公益目的事業比率を高めることも考えられます。
　さらに，不動産の賃貸事業の利益で公益事業を行っている法人の中には公益
目的事業比率がネックになって公益法人になれないとお考えのところもあるよ
うですが，不動産賃貸事業を外出しして，外出しした法人の利益を毎年寄付で
受け入れることによって公益法人として事業を継続していく方法も考えられま
す。
　従来のやり方を全く変えないとクリアすることは難しいかもしれませんが，
従来のやり方をどう変えれば公益認定を受けることができるのか，と考えれば，
公益認定のハードルは一気に低いものになります。
　公益認定をあきらめていた法人は，是非，公益認定を目指して，もう一度考
え直してみましょう。すでに一般法人に移行した法人においても，公益認定の
ハードルは低いので，公益認定についてもう一度考え直してみる余地があるの
ではないでしょうか。

3 一般法人への移行認可のポイント

Q8 一般法人への移行認可のポイントについて教えてください。

(1) 移行認可のポイント

移行時点の時価純資産(「公益目的財産額」といいます)を計算します。従来の主務官庁制が公益的な活動として認める事業(「継続事業」といいます)のうちの赤字部分,あるいは公益的な団体等への寄付(「特定寄付」といいます)を公益目的財産額に達するまで継続する計画(「公益目的支出計画」といいます)を適正に作り,それを確実に実施できることが必要です。これは,従来の社団法人・財団法人が解散する時はその残余財産を一定の法人や国等に贈与することになっていることとの均衡から定められた規定です。

なお,継続事業と特定寄付の他に「認定法に定める公益目的事業」の赤字でも公益目的支出計画の事業として認められますが,その事業が「認定法に定める公益目的事業」に当たるかどうかについては合議制の機関によって改めて審査されるため,これまで実施してきた公益事業である場合には継続事業として整理されることが手続き上は簡便です。

(2) よくある誤解:一般法人を選択すると法人は解散?

公益目的支出計画についても大きな誤解があります。それは,公益目的支出計画が終了すると,法人の移行時の純資産を使い切ってしまうため,一般法人に移行するということは法人が解散せざるを得なくなるというものです。これは大きな誤解です。

簡単な例題で説明しましょう。移行時の時価純資産が3,000万円ある法人です。毎年の税引後利益（寄付前）が1,000万円あります。その法人が毎年300万円ずつ特定寄付をします。10年で公益目的支出計画は終了します。10年後の時価純資産は700万円×10年＝7,000万円増えて，1億円になっています。このように法人の純資産が増えながら公益目的支出計画が終了することを前提として考えられている制度です。

4 公益法人，一般法人選択の判断基準

(1) 税務上のメリット

Q9 一般法人に移行するのか公益法人に移行するのか迷っています。判断の基準を教えてください。

(1) 税法上の取扱い

税法上は公益法人の方が圧倒的にメリットがあります。今までは，公益法人が行っている事業であっても法人税法上の収益事業に該当するものについては課税という取扱い（「収益事業課税」）でした。今回は公益法人の行う事業が法人税法上の収益事業に該当するものであっても，合議制の機関（国にあっては公益認定等委員会）が公益事業であると認めた事業については非課税ということになりましたので，これは非常に大きな変更です。

それと，約2万5千の公益法人がある中で，寄付をした人の税金が安くなるという制度（「特定公益増進法人」の制度）に該当する法人の数が，従来は900団体程度であったものが，今後は公益認定を受けたすべての法人に拡大するので，けた違いに増加するものと思われます。また，一般法人に移行すると従来徴収されなかった利息や配当の「源泉所得税」が徴収されるようになり，さらに「みなし寄付」（収益事業の利益を公益事業に使った場合にその一部を損金として算入できる制度）の制度がなくなる，固定資産税が課税されるようになるなど，不利になるといった問題があります。

税務上のメリットがある法人は公益認定を目指すべきです。

(2) 公益法人という名前

　税法上の問題以外に，公益法人という名前が欲しいという人も多いと思いますが，これは，株式会社と合名会社との違いのようなものかもしれませんし，それよりももう少し比重に差があるのかもしれません。税務上のメリットがなくても，公益法人になることが否定されるものではありません。

(2) 多くの誤解と私の主張

Q10　「公益性のある事業を行っているけれど，一般法人を選択した方が無難だ。」といった見解を持つ法人も多いようですが，そのような理解が正しいのでしょうか。

　公益法人改革3法は条文が多く，読みにくいため，誤解が蔓延しています。確かに条文は読みにくいですが，私は制度の基本は単純なものと理解しています。
　主な誤解は次のようなものです。
　(1)　公益認定のハードルは高い。
　(2)　公益法人になると儲けられない。
　(3)　公益認定を受けると認定取消しにより財産を没収されるリスクが高い。
　(4)　税務上は一般法人になっても従来と変わらない。
　(5)　一般法人は自由な法人運営ができるが，公益法人はがんじがらめの運営しかできない。
　(6)　一般法人の方が公益法人に比べて全ての面で楽だ。
　以上のような誤解に基づく結論は，「公益性のある法人でも一般法人を選択した方が無難だ。」というものです。
　それらの誤解に対する正解は次のとおりです。
　(1)　公益認定のハードルは低い（第1編Q7参照）。

(2) 公益法人は儲けられる（第1編Q7参照）。
(3) 認定取消しによる財産没収のリスクはかなり低い（第2編Q144, 145参照）。
(4) 税務上，一般法人は従来に比べ，不利になる。それに比べ公益法人は非常に有利になる（第1編Q9参照）。
(5) 公益法人も一般法人も同様に自由で創意工夫に満ちた法人運営ができる（第1編Q2, Q19参照）。
(6) 一般法人は公益目的支出計画を作成し，赤字の事業や特定の寄付を一定期間継続して実施する義務（経営上の足かせ）がある（第1編Q8参照）が，公益法人は赤字の事業や特定の寄付をする義務はない（公益法人は儲けられる）。

正しい理解による結論（私の主張）は，「税務上のメリットのある法人は公益法人を目指すべき。」ということです。

（3） 一般法人選択のデメリット

Q11
一般法人を選択することのデメリットを整理すると，次のような事項になると考えられるのでしょうか。
(1) 一般法人は移行時の時価純資産額相当分の赤字の事業または特定の寄付を継続しなければならないという公益法人にはない経営上の足かせがある。
(2) 一般法人は従来（特例民法法人）に比べても税務上不利になる。
(3) 一般法人の活動には制約がなく，一見何事も自由にできるように見えるが，例えば，次のようなリスクがある。
① 反Ｖ社会的勢力による乗っ取りのリスク（財政豊

> かな法人の場合)……公益法人は反社会的勢力に支配されると認定取消しになるので、反社会的勢力の攻撃は受けにくい。
> ② 役員報酬の一部が利益分配とみなされ、非営利性を否認され、全所得課税されるリスク……公益法人は特別の利益の供与が認定法で禁止されているため、認定法に従った運営をしている限り非営利性を否認されるリスクはない。

　一般法人を選択することのデメリットは他にもあるでしょうが、一つの整理でしょう。いずれにしても「一般法人は楽。」ということでもないと思います。安易に一般法人を選択されるのではなく、税務上のメリットのある法人はもう一度公益法人を目指すことを考えてみる余地があるのではないでしょうか。

(4) 公益法人への移行は公益増進のチャンス

Q12 公益法人、一般法人の選択は従来の法人の活動を基準に考えるのか、将来、法人がどのような活動をしていこうとしているのかを基準に考えるのかどちらでしょうか。

　公益認定は予算に基づいて事業計画が審査されます。過去の活動は基本的に問われません。したがって、従来の法人の活動が公益認定基準に合致していなくても、将来、法人が行おうとしている活動が公益認定基準に合致していれば公益認定は受けられます。
　公益法人を選択するか、一般法人を選択するかの一般的な手順は次のように

考えるとよろしいのではないでしょうか。

(1) 税務上のメリットがあるかどうか。メリットがある場合には公益法人を目指すべきです。メリットがない場合には一般法人を選択してもよいでしょう。

(2) 次に公益法人を目指す場合，従来の法人の活動を公益認定基準に当てはめてみます。当てはまれば問題なく公益認定申請に進みます。当てはまらない場合，どこが当てはまらないのか，また，それをクリアする方策を検討します。そのハードルが高いか低いかを検討し，さらに，クリアすることが法人のため，社会のために有用か否かを判断して法人形態を選択することになります。

今まで法人が行ってきた活動の見直しを全くせずに，それが公益認定の基準に合致していないから一般法人を選択するということは公益法人改革の趣旨とは異なるのではないでしょうか。公益法人改革の趣旨は「民による公益の増進」です。今までどおりの活動を続けるのでは「増進」にはなりません。公益活動の質，量を増やしていく，法人の規模も成長させていくことが期待されているといえます。

「公益の増進」を財源から見ると「寄付金」を集めること，また，払わなくてもよい「税金」を公益事業の財源とすることでしょう。公益の増進のためには一般法人よりも公益法人を選択すべきであることは明白といえましょう。

5　新制度での法人運営の留意点

Q13　新制度における法人運営上の留意点について教えてください。

　　　　　従前の公益法人制度は主務官庁制であり，法人運営に関する法律の定めは少なく，主務官庁の裁量によって運営されてきました。そのため，何をするにも事前に主務官庁の指導監督に従う必要がありました。例えば，財団法人の場合，主務官庁から理事会の諮問機関として評議員会を組織するように言われれば評議員を選任して，評議員会を組織するといったように主務官庁が法人運営の統治機構といっても過言ではありませんでした。したがって，従来，法人の役員はいわば名誉職で無責任，無報酬，というところも多かったようです。

　新制度においては，公益法人も一般法人も原則的に自由で創意工夫に満ちた運営ができるようになりました。それと引き換えに役員等の責任も重くなりました。新制度における役員は，例え無報酬であっても責任があります。従来はなかった，善良なる管理者としての注意義務や法人に対する忠実義務，あるいは社団法人の社員からは株式会社の株主代表訴訟と同様の訴訟のリスク，ひいては，乗っ取りのリスクにもさらされることにもなりかねません。それらの経営責任や経営リスクに適切に対応するための法人運営が求められることになります。

　公益法人や一般法人に移行することはゴールではなく，新制度のスタートです。新制度における法人の自治，内部統制，法人の活動の国民への開示（ディ

スクロージャー）等の重要性が格段に（株式会社並みに）高まります。監事による監査にも期待されています。めくら版の監査報告書は許されません。新制度下での理事，監事，評議員に期待されているものと，その責任の重さを理解したうえで役員等に就任され，職責を全うすることが求められています。

第Ⅱ編　各　論

1 法人の対応

(1) 制度改革への対応手順

Q1 これから制度対応に着手する場合,何から始めればよいですか。どのくらい準備期間がかかりますか。

Answer 従来行ってきた事業を公益認定の基準に当てはめて,問題がないかどうか,問題があるとすれば解決方法を検討することが1番目に必要です。その結果,公益を目指すか,一般を選択するかを決めます。その次に,定款変更案の作成,評議員,理事,監事の人選でしょう。準備期間は法人によりますが,社員数の多い社団法人の定款変更手続きを考えると1年は見ておく必要がある法人もあるでしょう。

(2) 定款変更案作成へのアドバイス

Q2 定款の変更については,移行認定のための「定款変更の案」作成の案内が出ていますが,特に気をつけることやアドバイスはありますか。

Answer 早めに公益認定等委員会事務局にもっていき,見てもらうことをお勧めします。

(3) 法人形態選択の法人内手続き

Q3 公益へ行くか，一般へ行くかを法人として機関決定する手続きを教えてください。

A 移行準備委員会を作り，公益認定を目指して検討します。どうしても公益認定の基準をクリアできない場合には一般法人を選択する道しか残りません。それを理事会や社員総会などで機関決定するということではないでしょうか。

(4) 理事・評議員の人選

Q4 理事や評議員の人選について何かアドバイスはありますか。

A 理事会や評議員会の出席について，従来は代理出席が認められていましたが，新制度では本人出席が必要ですので，出席できる人で充足できるように人数も絞る必要が出る法人もあるかもしれません。

2 申請時期

(1) 処分時期の調整

Q5 年1回の決算にしたいので、処分時期が3月末になるように調整してもらうことは可能ですか。

Answer 合議制の機関の実質的な審議が終了していれば処分の時期を3月下旬にすることは可能ですが、審議が間に合わないと、それはできません。早めに申請して公益認定等委員会事務局などに相談されることがよいと思われます。

なお、内閣府公益認定等委員会のホームページでは、法人が希望する登記の日にあわせて認定、認可日を調整する旨が開示されています。

(2) 期限ぎりぎりに申請すると有利？

Q6 移行期間ぎりぎりに申請すれば認定が通りやすくなるのではないですか。

Answer 認定基準は変わりませんので、申請時期によって認定の判断に差は出ないものと考えられます。

(3) 早く申請すると不利？

Q7 早く申請すると申請書を細かくチェックされるので不利だ，という声がありますが，本当ですか。

「あたたかく審査する。」ということが内閣府公益認定等委員会の基本姿勢です。それもあって，すでに申請された法人については，公益認定が受けやすくなるように事業区分をまとめたり，申請書類を差し替えたり，委員会事務局ではかなりのコンサルティングをしているのが実情です。申請が多くなるとコンサルティングの質，量ともに下がることが考えられます。早めに申請されることをお勧めします。

3 公益性

(1) 同業者・社団法人などの公益性

Q8 社団法人や同業者団体は会員で組織されているので公益認定はとりにくいといわれていますが，そうなのでしょうか。

Answer そんなことはありません。その法人がどのような事業を行おうとしているのか，その事業に公益性が認められるか，すなわち「事業の公益性」（別表該当性）が第一点です。第二点目は「不特定かつ多数の者の利益の増進に寄与するもの」かどうかです。社団法人の行っている活動には公益的なものが多いのではないかと思われます。しかし，従来，活動への参加者が会員限定であったため，「不特定かつ多数の者の利益の増進に寄与するもの」ではなかった。すなわち，共益事業であったところが多かったといえます。今後，法人の行う事業への参加者を会員以外にも開放するようにすれば，公益認定が可能になります。

社団法人や同業者団体で一般法人に移行することを決めているところも多いと思いますが，もう一度，公益認定を目指すことについて考えてみることをお勧めします。それが，今回の制度改正の目指すべき方向「民による公益の増進を目指して」の意味するところです。

ア　医師会などの例

Q9
同業者団体が行う事業は，従来は構成員のみを対象としていることがほとんどです。このような団体が公益認定を受けるためには，どうしたらいいのでしょうか。

具体的には，会員のための社団法人なので，サービスを受けられなければ会員になる意味がないと思っています。そこで，サービスが受けられる人を会員だけに特定してはいけないのでしょうか。

また，会員以外の参加者がいる場合の参加料金の差がどの程度まで許されるのでしょうか。

Answer
参加者が会員に限定されている場合には不特定多数でなく，特定多数のため，共益ということになります。したがって，参加者を会員以外に開放する必要があります。医師会の会員は開業医がほとんどで，勤務医は医師会に入っていないことが多いのではないかと思われます。その医師会の行う研修に，会員でない勤務医も参加できるようにすれば不特定多数の要件は満たされることになります。

参加費については，例えば，会員は3千円で非会員は5万円となると非会員を実質的に排除しているものとみなされるのではないでしょうか。会員の参加費が3千円ならば，非会員の参加費は6千円であるとか，非会員を排除していないという程度の範囲で考える必要があると思われます。

イ　保険セールスマンの例

Q10 生命保険業界の社団法人です。会員企業のセールスマンを対象に保険商品の正しい知識を普及するための研修事業をしています。公益法人を目指していますが、どうしたらよいでしょうか。

Answer　研修の内容に公益性（別表該当性）があること、および受講者が不特定多数の者であることが公益性の判断の要件になります。

　保険商品の正しい知識の普及は公益性が認められないと思います。公益性が認められるためには、例えば、研修の内容を健康で長生きできるよう、食事や運動についての研修を行うことに変更することなどが必要でしょう。

　また、従来の受講者は会員企業のセールスマンに限定されていたとのことです。このままですと共益事業となり、公益事業とは認められません。不特定多数の者の利益の増進に寄与するためには、受講者を会員企業のセールスマン以外の一般市民などにも広げることが必要です。

ウ　社団法人：共益からの脱却と会員の説得

Q11 従来から社団法人の会員に限定した事業だけしか行ってこなかったのですが、会員以外にも門戸を広げることについて、会員を説得するのが難しいのではないのでしょうか。

Answer　例えば、従来は電線メーカーの会員だけを対象にしてきた研究・教育、普及活動を会員以外の電線メーカーや電気メーカーあるいはそれらの販売会社等にも参加できるようにし、参加費

は実費程度にします。そうすることによって，場合によっては将来，会員以外からの賛助会費などの寄付金が集まり，公益事業がさらに活発に行われるようになるかもしれません。公益法人制度改革では，そのようなことも期待されています。

　従来から，会員各社は貴法人の活動に自己の利益追求だけを目的として参加しているのではないのではないでしょうか。もともと，公益活動として参加してきたつもりでしたが，今回，会員限定の活動は公益とならないので，一般法人に移行するということではないかと思われます。見方を少し変えて，公益法人に移行するためには参加者の輪を広げることによって，新制度においても公益的な活動と認められるわけですので，もう一度考え直す余地があるのではないでしょうか。

　従来やってきたことを何も変えずに，一般法人に移行する選択を拙速にするのではなく，公益認定を受けるためにはどこをどう変えればよいのかを検討してみるというのが制度改正の趣旨に合致するところです。

（2）　医療事業の公益性

ア　医療事業の公益性（別表該当性）

Q12 　医療事業は民間病院でも行っているので，公益認定は取れないといわれていますが，本当ですか。

　　そのようなことはありません。ただ，患者を治療するという行為，医療行為を公益事業とは見ていません。別表該当性からいうと「公衆衛生の向上を目的とする事業」（認定法第2条第4号別表第6号）の観点で自己の行う医療の特徴を整理することになります。

　したがって，例えば，難病の研究をするとか，あるいは伝染病の予防をするとかの目的があって，その一環として医療行為が行われている。その法人全体

として，癌の研究や結核の予防といったことが目的であって，それに付随して癌の患者でも風邪をひいたり，歯が痛くなったりすることもあるので，内科外来や歯科口腔外科の診療科も設置している，というような形になっている。そうすると，内科の外来は癌と直接関係がないから収益事業なのか。そういう整理をするのではなく，癌の研究をしている中でそれに付随してそういった医療行為も行っている，そういった視点で自己の事業を整理すればよいわけです。

あるいは，県立や市立などの病院で経営がうまくいっていないところがあります。それがつぶれてしまうとその地域の医療が崩壊をしてしまいます。そういったところの経営を引き受け，病院を立て直して地域医療を支えている法人などにも公益性が認められる余地があるのではないかと思います。

あるいは医師会などが夜間診療や休日診療を行っているというように，なかなか普通の医院，病院ではやれないようなことを医師会でやっているような場合にも公益性があるのだろうと思われます。それぞれの法人が何を行っているのか，それに公益性があるのかどうかについては注意深く見ていく必要があると思います。

イ 夜間診療，救急診療など

Q13 夜間診療，へき地診療，救急診療など，同様に考えてよいのでしょうか。

はい。ただ，へき地というのは定義がなかなか難しいと思います。例えば，瀬戸内海の島は，今はタクシーのような小型船がいっぱい走っているそうなので，へき地ではないのではないかということになるのかもしれません。

(3) 営利競合の公益性，ボイラーの点検

Q14 ボイラーの定期的な検査・検定を行っている法人です。同様の業務は株式会社で行っているところもあり，公益認定等委員会事務局から営利競合の観点からの説明を求められています。当法人は株式会社では行わない離島なども対象に行っていますが，このことは営利競合の説明になりますか。

Answer この法人がなくなると，離島でボイラーが安全に使用できなくなってしまう，その「最後の砦」の役割を担っているところは公益性が認められる一つの要因と思われます。

(4) 指定管理者などの考え方

指定管理者が行う事業が公益事業になるかどうかについて，いくつかの例をあげて検討してみましょう。

ア 営利競合

Q15 営利企業と競合している事業についての公益性はどのように考えるのでしょうか。

Answer ① 一つの例として，県内の勤労者の福祉のための施設の運営を目的とする法人が，県外の顧客の誘致に努力しているような事例について公益認定等委員会で勉強しましたが，営利を目的として事業を展開している他の宿泊施設との大きな相違点，公益性を見

出せないような場合には，公益認定は難しいのではないかという事例でした。
② 別の事例は，訪問看護ステーションを営む法人です。特定の病院の患者を優先することはない法人です。仮に特定の病院の患者を優先していると不特定多数の者の利益の増進に反することになるかもしれません。看護を必要としている患者にサービスを広く提供しているような場合には，不特定多数の者の利益の増進に寄与しないとはなかなか言えないだろうと思います。

収支相償の観点から検討しますと，営利企業でも訪問介護事業は行っているわけですが，営利企業では採算割れするといった理由で訪問しない患者があるかもしれませんが，当該法人ではそのような患者も対象とし，この法人がないと社会的弱者が救われないことになる，いわば「最後の砦」といった役割をこの法人が担っているというような場合には公益性があると認められるのではないか，といった議論をしました。この辺は難しいので，審査に当たっては「匂いを嗅ぎわける」必要があるものと思います。

このように，営利競合の事業については慎重に審査する必要があるということができます。

イ　行政機関からの受託事業（指定管理者）

Q16 行政機関からの受託事業の公益性についてはどのように考えるのでしょうか。

Answer 行政機関からの受託事業については，委託元の事業と受託先の業務を混同してはいけません。別々に考えましょうということです。都道府県の事業に公益性があっても，受託する事業が公益目的事業となるとは限りません。

① 施設管理だけを行っている例

受託によって施設管理だけを行っている場合，公益目的事業にはなりません。具体的には県が公園を市民開放していて，その公園の清掃業務を指定管

理者として行っている場合は，公園の清掃や植木の手入れは営利企業の清掃業者，植木屋さんと競合する業務であって，その業務に公益性は認められないのではないかと思われます。

② 県からの受託で，芸術舞台を中心とした主催公演と県民ホールの管理，貸与を行っている例

県民に対して質の高い芸術文化に親しむ機会を提供して，芸術文化の発信と交流を図ることを法人の目的としている法人です。この目的を達成するためには芸術舞台施設があることが望ましく，法人の目的を達成するための手段として県民ホール等の管理を受託していると判断することもできるのではないか，このような場合には，公益性が認められる可能性があります。

③ 市からの受託によって連帯感のある町づくりのための文化教室等の事業と会館の管理・貸与を行っている例

連帯感のある町づくりを推進することを法人の目的としており，この目的を達成するために，文化教室等の事業を実施している場合，こうした事業を安定的に実施するには会館があることが望ましく，法人の目的を達成するための手段として会館の管理を受託していると判断することができ，「地域社会の健全な発展を目的とする事業」として別表（第19号）に該当する可能性があります。

④ 白川郷の村営駐車場を指定管理者として受託している事例

世界遺産の集落である白川郷，その集落への観光客の車両の流入制限の手段として村営駐車場の管理を行い，その利益は白川郷の伝統的建造物の修理に係る費用の助成に使われている場合には「文化および芸術の振興を目的とする事業」として，別表（第2号）に該当する可能性があります。

⑤ 市からの受託により，市営駐車場，駐輪場，市営住宅，下水道施設の維持管理を行っている例

①と同様に公益性が見出し難く，営利競合の観点からも慎重な審査が必要な事例と思われます。

ウ　その他の指定管理者の例

Q17

① 県からの受託により，建設工事の設計積算，施行管理および調査設計業務を行っている事例

② 当財団は，国指定重要文化財である「旧県庁舎および県会議事堂」の管理運営を県から指定管理者として受託し，その保存，管理，公開，施設貸与等を適切に行って県民の郷土への理解に資するとともに，本県文化の振興に寄与する事業などを併せて実施しています。本財団としては，これらの業務は極めて公共性が高いので公益認定を受けたいと考えていますが，どうでしょうか。

③ 市から受託している事業で，公益目的利用者を優先する（身障者，小学生割引等）などの減免措置が取られている場合，当該受託事業は公益目的と判断されますか。

Answer

① 法人の実施する事業としての公益目的を観念し難いのではないでしょうか。また，営利競合の観点からも，慎重な審査が必要な事例と思われます。

② 重要文化財の保存，管理，公開，施設貸与等の業務は県の事業です。本県文化の振興に寄与する事業を併せて実施しているとのことですが，それらとの関連性から公益性が認められる場合もあるかもしれませんが，重要文化財の保存，管理，公開，施設貸与等の業務を受託しているだけでは公益目的事業とはなりません。

③ 身障者割引や小学生割引は一般的に行われているもので，割引等をしていることだけをもってその法人の行っている事業に公益性があるとは言えない

のではないかと思われます。

（5） その他事業の公益性

ア　共済事業の公益性

Q18　共済事業の公益性について教えてください。加入制限がない場合は公益の可能性がありますか。

Answer　共済事業は特定多数の者の利益，すなわち共益であり，不特定の要件を満たさないため，公益の可能性はないものと思われます。

イ　貸席業の公益性

Q19　「貸席業」が主な事業でも，公益法人認定は可能でしょうか。

Answer　何のための貸席なのかが重要であって，公益事業のための貸席が主体ならば公益認定が可能です。

ウ　展示会の公益性

Q20　社団法人の催し物として会員企業各社の製品の展示会を行っています。これは公益目的事業と認められるでしょうか。

一般論として，会員各社の製品の展示会は販売促進のための共同宣伝ではないでしょうか。

展示会開催の目的に何らかの公益性があるのであれば，それを説明する必要があります。

エ　特定の学校を支援する事業の公益性

Q21　財団法人〇〇はグラウンド用地と臨海学園施設を保有し，通常は〇〇高校に貸与し，学校の休暇中は一般市民にも開放しています。〇〇高校の生徒に対して貸しているということは，共益になるのではないかと心配していますが，いかがでしょうか。

学校に安く貸している事業は学校を支援している事業であり，公益性があるものと思われます。収支相償などを満たしていれば，問題はないと思われます。

オ　分収林事業の不特定多数性

Q22　分収林事業をしています。土地所有者と70年から90年の期間にわたって植林から伐採までを当法人が行い，伐採収入の4割を土地所有者に支払い，6割を当法人が受け取るという契約になっています。植林によって山を整え，洪水にならないように環境を整えることが法人の目的であり，地代として土地所有者に伐採収入の4割を支払うということです。近年は材価の低迷と経費の増大のため，新規契約を10年程度行っておらず，当面の見込み

> もありません。それまで契約した数千名の方との契約を管理している状態です。赤字部分は県からの補助金で賄われています。
>
> このようなことから受益の機会を閉ざしているという理由で公益認定は無理ではないかという専門家の見解を頂いているのですが、いかがでしょうか。

Answer　分収林事業はもともと利益を獲得することを目的として行われているものではないようです。全く採算が合わない時期に県の予算がないこともあって、新規契約ができないことを理由に公益性が否定されることはないのではないでしょうか。

(6) 特別の利益

ア　特別の利益の概念

Q23　特別の利益とは、どのような概念ですか。

Answer　例えば奨学金を出します。誰に出しているかというと理事長の親族にしか出していないというと、それは特別な利益ということになります。また、近年、問題になったところでは、理事長とその親族が支配する会社で利益のサヤを抜いて、そこで儲けているというのは、何のためにその法人が活動しているのかというと、どうも関連会社に利益を抜かせている、関連会社を通じて理事長達が利益を得ているということです。これらを特別の利益という概念でまとめているのだろうと思います。

イ 特別の利益の例（その１）家賃

Q24 理事長の所有するビルの一部を法人が賃借して家賃を払っています。この場合は特別の利益になる可能性はありますか。

Answer
相場以下の家賃を払っている場合には特別の利益を供与していることにはなりませんが，相場より高い家賃を払っている場合には特別の利益を供与していることになると思われます。

ウ 特別の利益の例（その２）過大な講師謝礼

Q25 公益目的事業のチェックポイント(注)の「講座・セミナー・育成」に「講師等に対して過大な報酬が支払われることになっていないか」とありますが，この過大は世間相場から外れないという意味でしょうか，それとも，絶対額や世間相場以下が求められるのでしょうか。
著名人で世間相場が100万円の場合に100万円で支出することが問題とされるのか否か分かりません。

Answer
収支相償の費用は「適正な」範囲である必要から，謝金，礼金，人件費等について不相当に高い支出を公益目的事業の費用として計上することは適当でないということからのチェックポイントです。したがって，世間相場が100万円の講師を招へいし，100万円の講師料を支払うことを問題としているものではありません。

（注）「公益認定等に関する運用について（公益認定等ガイドライン）」（平成20年４月内閣府公益認定等委員会）の参考「公益目的事業のチェックポイントについて」

エ　助成先を選定する委員会の構成（公平性・透明性）

Q26　助成事業の場合，助成先を選定する選考委員会は，どのようにあるべきでしょうか。

選考委員会の委員は理事，評議員を兼ねてよいでしょうか。

また，選考委員会でも書面評決は認められないのでしょうか。

A　助成先を選定する選考委員会には特別の利益を排除する観点から，透明性と公平性を担保する必要があります。

選考委員は理事・評議員を兼ねてはいけないということはありません。

選考委員会で書面評決ということは通常考えにくく，選考委員会が機能していないと判断されるのではないでしょうか。

また，評決に際しては，利害関係者を排除することも必要です。

（7）　公益認定，その他

ア　株式保有と公益認定

Q27　認定法では株式保有について制限されていますが，特別法等では株式の100％保有が求められているようなケースにおいて，公益認定を受けることはできないのでしょうか。

議決権の過半数を所有している場合には公益認定は受けられません。

イ 支部の取扱い

Q28 従来，一体的なものとして取り扱っていなかった支部を取り込んで申請する場合の注意点は何ですか。

Answer もれなく取り込むことです。今後は予算管理なども含めて運営を一体的に行う必要があります。

ウ 学校法人の支援の仕方と学校のガバナンス

Q29 学校法人を支援する財団です。学校法人が使用した飲食代金の請求書が法人に回ってきて，それを支払っています。学校法人が支払いにくい費用を法人が負担しているような感じがあるのですが，このままの形態を続けてよろしいのでしょうか。

Answer 学校法人の規定では支払えないような費用を法人が支払っているとすれば，学校法人の不祥事に加担していることになる可能性もあります。ガバナンス（企業統治）の観点からは財団法人は学校法人に寄付をし，学校法人は自らの規定に則った支出をするように変更されることがよろしいのではないでしょうか。

エ　経理的基礎：赤字が継続している法人について

Q30　基本財産または特定資産（例えば10億円）の果実で運営している法人ですが，最近は赤字決算が続いています。このような法人の場合，毎年2千万円取り崩しても50年間運営できますが，継続期間50年として移行認定は受けられますか。

Answer　解散が予定されているとしても，継続的に公益目的事業を行うのであれば公益認定は可能です。

オ　一部でも公益事業を行っていれば公益認定は可能！

Q31　当財団は，収益事業である不動産賃貸業から得た利益で，公益事業を運営しています。ここ数年，公益財団法人を目指すべく，試算をしてきました。現状では，公益申請の要件を満たすことができます。

ただし，賃貸用建物が老朽化しているため，近年中に建替または改修が必要になります。建物を建替または改修した場合の試算をすると，建物の減価償却費等の増加により，「公益目的事業比率」の要件を満たすことが困難になることが予想されます。そのため，現在は一般財団への移行も視野に入れ，検討を重ねています。

当財団は，公益事業を運営するために，不動産賃貸業を営んでおり，当財団の設立趣旨からも，本来は公益財団法人として運営していくべきと考えております。

> 他の同様の財団の事例や新しい情報などから，解決できる方法があれば，ご教示いただきたいと思います。

Answer　賃貸事業を他の法人に引き渡し，当該法人はその法人から寄付を受けて公益事業のみを実施することで認定を受けるということも考えられます。

4 移行認可

(1) 公益目的財産額の算定等

ア 会費収入（公益目的財産額の減らし方）

Q32 一定期間会費を無料もしくは引き下げるなどの方法で意図的に赤字を出して公益目的財産額を減らした場合，移行審査上問題が生じることがあるのでしょうか(実質，利益の配分ととられる可能性もあるかと考えています)。

Answer 移行認可の審査上問題になることはありません。

イ 公益目的財産額と退職給付の変更時差異

Q33 一般法人に移行する場合，公益目的財産額を算定するに当たって，退職給付引当金をマイナスすると思いますが，その結果正味財産がマイナスとなった場合について，そのあたりのご意見をいただけますでしょうか。

Answer 公益目的財産額は移行時の時価純資産で測ります。したがって，退職給付引当金の会計基準変更時差異を考慮すれば，それを決算に織り込まなくても時価純資産はマイナスになることが

あります。公益目的財産額がマイナスになれば，公益目的支出計画を作成せずに一般法人に移行することになります。

ウ　不動産の損失と公益目的支出計画

Q34 プロジェクトのために一時的に抱えている不動産を数年後に整理するため，正味財産が減ることが見込まれています。現段階で金額を正確に見積もることができないのですが，どのように支出計画を策定すればよいのでしょうか。

Answer 現在，保有している不動産に含み損があるということならば，移行認可申請時の公益目的財産額算定の際にそれを織り込むことになります。現在，含み損はなくても，数年後の整理に際して売却損の発生が予想されるような場合は，当該不動産が実施事業資産として保有する不動産であるかどうかによって，取扱いが異なります。

　当該資産を法人会計の資産として分類し，実施事業資産として保有するのでない場合には，売却損を公益目的支出とすることはできません。

　実施事業資産として保有する場合には，減損損失認識時，または，売却時の公益目的支出計画に反映されます。

エ　美術品の評価

Q35 美術品について，引続き実施事業に使用していれば時価評価せずに簿価で評価すればよいとのことですが，ビルのホールや会議室・応接室に展示してある絵画や彫刻は，引続き実施事業に使用している美術品といえるのでしょうか。

法人において移行後も引き続き実施事業に使用するものの例としては，美術品を展示する美術館事業などを一般法人移行後も継続して行うような場合がこれに該当します。法人の占有している不動産にインテリアとして飾ってある絵画や彫刻はそもそも法人の実施事業として行っているものではないと判断されます。したがって，当該絵画や彫刻は移行認可申請にあたって，時価評価することが必要です。

オ　公益目的財産額の算定と不動産の価額

Q36
一般認可申請を考えている法人です。

賃貸ビルを所有しており，敷地を別法人から借り受け，相応の地代を支払っており，この関係から借地権も有しています。

ここで，時価評価資産には，借地権も含まれており，立地状況から評価額はかなりの金額になると思われますが，そもそもビル敷地は賃貸して実施事業に使用するもので，処分不能な資産であることから，「美術品その他の資産」と同じ取扱いとして，簿価評価にとどめることは可能ですか。

土地と有価証券は時価評価が原則です。移行後も引き続き実施事業に使用する美術品等の資産は時価評価が可能であっても帳簿価額とすることが認められています。本件の場合，賃貸ビルの賃貸事業は収益事業で，収益事業の利益を実施事業に使うということだと思います。まず，土地であり，美術品等でないこと，次に，収益事業に使用する資産であり，実施事業に使用するものではないことから，帳簿価額によることはできず，時価評価が必要になります。

カ　有価証券の評価方法について

Q37　「……市場性がない場合であっても評価を行うことが可能な場合は時価評価とする。なお，市場性がなく評価が困難な場合は当該有価証券の取得価額または帳簿価額とする。」(公益認定等ガイドラインⅡ1(4)のⅲ有価証券の評価の方法について)とありますが，市場性がない場合の有価証券の時価評価には，適正な帳簿価額による純資産額での評価額を含むのでしょうか。

　また，市場性がなく評価が困難な場合とは，具体的にどのような場合でしょうか。

Answer　市場性がない場合の有価証券の時価評価には，適正な帳簿価額による純資産額での評価額を含むかにつきましては，実質価額法による評価として含みます。なお，評価が困難な場合は想定されていないようです。

キ　公益目的財産額を減らすための財産の費消

Q38　同業者団体の社団法人ですが，公益目的財産額を減らすために，移行の前年に会員の懇親会等で多額に使用した場合，問題になることはありますか。

Answer　一般社団法人への移行認可の問題ではなく，主務官庁制の下での指導監督の問題ではないでしょうか。

(2) 公益目的支出計画

ア 公益目的支出に該当する事業

Q39 公益目的支出に該当する項目について教えてください。

Answer

継続事業，公益目的事業，特定寄付の3つです。

イ 公益目的支出計画に該当しない事業

Q40 公益目的支出計画に該当しない事業事例について教えてください。

Answer

収益事業や共済事業は，たとえそれが赤字であっても実施事業に該当しないと考えられます。

ウ 実施事業収益としないことができる収益

Q41 「ただし，実施事業に係る金融資産から生じた収益のうち行政庁が適当と認めるものについては，実施事業の収入としないことができる。」(整備規則17条1項但書)について解説してください。
また，どのような要件を満たせば認められますか。

基金の運用益で公益事業を行っている法人などは、運用益の範囲内でしか事業を行うことができないため、運用益を実施事業収益とすると公益目的支出計画がいつまでたっても終了しないことになります。このような場合に、運用益を実施事業収益としないことができるようにしたものです。

エ 実施事業の経費と認められない費用

Q42 実施事業に区分した事業費は、公益目的支出としてすべて認められるのでしょうか。認められない場合、どのような経費が該当するのでしょうか。

実施事業にかかる事業費は、実施事業の目的のために要する費用です。したがって、実施事業に区分した事業経費の中に実施事業以外の事業費、収益事業の費用や共益事業の費用、法人の管理費などが含まれている場合にはこれを区分して、実施事業に該当する部分だけが実施事業の経費として認められます。実施事業にかかる収益がある場合にはそれを差し引いた額が公益目的のための支出となります。また、当然のことながら、費用は適正な範囲である必要から、謝金、礼金、人件費等について不相当に高い支出を実施事業の費用として計上することは適当でありません。

（3）継続事業

ア 継続事業についての主務官庁の意見

Q43 実施事業等については、「継続事業」を選択する予定ですが、「原則として旧主務官庁の意見が尊重」されることについて、今までの審査で何か問題になったケース

はありますか。

Answer　問題になったケースはありません。

イ　主務官庁が認め，合議制の機関が否定する継続事業

Q44　公益目的支出計画上の「継続事業」でいう「公益的な活動」とは，「公益目的事業」における「公益」よりはかなり広めの概念と理解していますが，そのような理解でいいでしょうか。また，公益認定等委員会等で否定されるケースは，どのようなものが想定されているのでしょうか。

Answer　ご理解のとおり実質的に広いものです。否定されるのは共益事業と指導監督基準などで公益に関する事業としてはふさわしくないとされていた事業とに限定されているものと思われます。

ウ　継続事業と認められない場合の対応

Q45　継続事業であり，主務官庁が公益に関する事業であるとした事業であっても，公益法人の指導監督基準などにより公益に関する事業としてはふさわしくないとされている事業に相当すると考えられる場合には，当該主務官庁の考えにかかわらず，公益に関する事業とは認められず，当然，公益目的事業にもならない場合は公益目的支

出計画が作成できないことになるのでしょうか。

　公益目的支出計画は実施事業（公益目的事業と継続事業）と特定寄付とで作成しますので，本件の場合，新たに公益目的事業をはじめるか，あるいは，特定寄付により公益目的支出計画を作成することが可能です。

エ　主務官庁の指導監督と継続事業

Q46　「継続事業」は，現在の主務官庁が公益に関する事業と認めれば公益目的支出計画の対象事業とすることができますが，指導がなければ認められたと考えてよいでしょうか。

　従来の主務官庁制の下で，主務官庁が公益事業として認めてきた事業，これには基準がなく，主務官庁の裁量で公益性が認められてきたものです。その中で，今後も続けていく事業で赤字の事業を公益目的支出計画の実施事業として選択するとそれを「継続事業」というわけです。

　法人が「継続事業」として申請してきた事業について，行政庁は主務官庁に問い合わせをします。主務官庁がそれらの事業について「従来から公益事業と認めてきた事業です。」といった回答があれば行政庁・合議制の機関では審査をしないで自動的に認めるというのが基本的な姿勢です。ただ，明らかに共済事業であるとか，従来の指導監督基準で営利転換しなさいといってきた事業などが含まれているような例外的な時には，行政庁から主務官庁に対して理由を付して，継続事業と認めない旨の連絡をすることになります。したがって，従来から指導があったとか，なかったとかではなく，今回の申請書類に基づいて

行政庁から主務官庁に問い合わせをするというものです。

（4） 公益目的事業

公益目的事業の判断

Q47 一般社団に移行した後，新しい事業を行う場合，実施事業に区分すべきかどうかという判断は，自ら行えばよいのでしょうか。

A 一般社団法人に移行した後に，新しい事業を始め，それを公益目的支出計画の実施事業に加えたい場合には，認定法に定める公益目的事業に該当することが必要です。その第一義的な判断は法人自らが行い，公益目的支出計画の変更認可申請をして，最終的には合議制の機関（国にあっては内閣府公益認定等委員会）によって判断されます。それが認められれば，実施事業（公益目的事業）とすることができます。

（5） 特定寄付

ア 日本赤十字社への寄付

Q48 繊維関係の財団法人で，一般財団法人に移行する予定です。日本赤十字社に毎年寄付することは公益目的支出として認められますか。

A 特定寄付の相手方が認定法第5条第17号に掲げるもののいずれかに該当することが必要です。日本赤十字社はこれに該当しますので，公益目的支出として認められます。

イ　NPO法人への寄付と法人の解散

Q49　小規模特例民法法人が移行認定を受け公益を維持していくのはかなりハードルが高いように思います。そこで，同目的のNPO法人を設立し，特例民法法人を解散，残余財産をNPO法人に帰属させることは認められるでしょうか。

　　　　通常のNPO法人への寄付は特定寄付になりません。特定寄付に該当するNPO法人は，認定NPO法人か租税特別措置法第40条により国税庁長官の承認を受けた法人に限られます。
　なお，小規模法人が公益を維持していくためのハードルは決して高いものではありません。何がネックになっているのか，それをクリアするためには何が必要なのか，について再検討され，公益を目指されることをお勧めします。

（6）　確実に実施できると見込まれること

ア　法人全体の収支

Q50　「公益目的支出計画の実施期間中における収支の見込み」の「法人全体の経常増減額の見込み」はマイナスでは問題があるという判断になるのでしょうか。

　　　　公益目的支出計画の終了前に法人が債務超過になるような場合には，「公益目的支出計画を確実に実施すると見込まれること」について疑義が生じる可能性があります。

イ　実施事業以外の事業収支

Q51　実施事業以外の事業が継続的に赤字になることは認められないのでしょうか。

A　実施事業以外の事業損益が赤字であっても，会費収入が十分あるなど公益目的支出計画が確実に実施できると認められる場合はよろしいと思われます。

（7）　計画実施期間

ア　計画実施期間の目安：その1

Q52　特例民法法人から，一般財団法人への移行を予定していますが，公益目的支出計画の実施期間は何年位を目途にすればよいのでしょうか。

A　当該法人の財政および収支の状況と公益目的支出計画の内容次第ですので，一概に何年がよいといえるものではありません。

イ　計画実施期間の目安：その2

Q53　すでに認可されたものでは，平均40年，最長120年という話も伝わってきていますが本当でしょうか。

平均値はとっていませんが，100年超の公益目的支出計画をもって認可されたケースもあります。

ウ　計画実施期間の目安：その3

Q54　当該財団法人の「純資産を基礎にした公益目的財産額」は，その財団が創立から今までの年数をかけて築いたものであるため，同じ年数で公益目的支出計画を策定し，財産を減額していっても構わないと理解していますが，よろしいでしょうか。

公益目的支出計画の実施期間は，あくまで，公益目的財産額と実施事業等の赤字額により決まるのであって，法人設立から今までの年数が実施期間に影響を与えるものではありません。

(8)　公益目的支出計画の例（ある医師会の例）

Q55　全国的に社団法人の医師会では，自分たちの会館建設のために会館建設負担金を会員から徴収しており，現在も新規に入会する会員からも負担金を徴収しているところが多いと考えられます。この場合公益目的支出計画でこの正味財産（公益目的財産額）を毎年使い続けていくと，将来建物を建設する際に資金がなくなってしまい，建設資金を再度会員に負担してもらうわけにもいかず建設が困難な状況に陥ると予想されます。

現在使用している会館は休日・夜間の急患センター等の業務のため地方公共団体から建物を賃借していますが,すでに老朽化しており(築25年経過)10～15年以内に建て替えが予想されています。この際に公益目的財産額の残高全額を地方公共団体へ寄付し,建物を建て替えてもらうための資金に使ってもらおうという案も出ています。

このような背景から一般社団への移行を申請する際の公益目的支出計画では,今後毎年の経常的支出は最小限の支出にとどめ,建物を建て替える時期に公益目的財産額の残高全額を地方公共団体へ寄付するという計画を提出することを考えておりますが,このような計画は認められるでしょうか。

〔設　例〕

公益目的財産額	12億円	
毎年の公益目的支出	1千万円	
		10年間で1億円支出
11年目　11億円	建物建て替え資金として	
		地方公共団体へ寄付

(1) **公益目的支出計画について**

　一般法人を選択する場合,本件は「公益目的支出計画を確実に実施すると見込まれることについて」がポイントになるのではないでしょうか。つまり,11年先に11億円寄付をすることができる確実性をどのように担保するかということです。12億円ある公益目的財産額を毎年1億円ずつ12年間にわたって寄付をするというのは分かりやすいのですが,10年間は寄付をしないとなると,11年間の法人全体の財政状況が良くなることはあっ

ても悪くなることはないということの説明が必要になるように思われます。

(2) 一般法人と公益法人との選択

ひるがえって，一般法人と公益法人との選択に当たって，利息・配当金などの源泉所得税を考慮すれば，公益認定を目指すべきでしょう。

当該医師会の行っている活動は，夜間診療と休日診療が主な活動とのことですが，それらには十分に公益性があるのではないでしょうか。

収支相償や遊休財産額規制の観点からは，12億円を資産取得資金として整理することでクリアできるものと思われます。

拙速に一般法人を選択される前に，公益認定の選択肢を検討されることをお勧めしたいと思います。

（9） 移行認可その他

ア　認可後の提出書類

Q56 認可後における支出計画の実際のフォローにはどのような書類を提出すればよろしいでしょうか。

Answer 「公益目的支出計画実施報告書」（整備法施行規則第41条）の提出が求められます。

イ　移行法人の収益事業

Q57 移行法人の収益事業がいくら稼いでも，この支出計画には影響が出ないという理解でよいでしょうか。

そのとおりです。

ウ　計画の延長

Q58　一般法人に移行後，博物館の入館者が増えて博物館運営の赤字が1,500万円の予定が500万円の赤字に縮小した場合，あるいは500万円の黒字を計上した場合，手続きはどうなりますか。

　公益目的支出計画の完了予定日が延びることが明らかであれば，公益目的支出計画の変更認可の手続きが必要になります。

エ　計画の終了

Q59　公益目的支出計画において，実施事業等が赤字であること，さらには，その赤字の大きさで，公益目的財産額を解消されると見込まれる年数にわたり，単に数字上減額し，これが0になることをもって，支出計画が終了になると考えればよいでしょうか。

　そのとおりです。

オ 係争事件の取扱い

Q60 当該団体では民事係争中です。和解金の見積額を引当金として負債計上しようと思っていますが、この引当金は一般財団法人への認可申請時に正味財産から控除できますか。
　一般法人移行後に和解が成立し、当初引き当てていた金額と和解金額が異なった場合、その時に修正処理（公益目的事業支出額や内容もしくは支出年度）は受け入れてもらえるのでしょうか。

Answer 引当金の要件を満たすかどうかは公認会計士などと相談されることがよろしいと思います。当該和解金が引当金の要件を満たすのであれば控除は可能と考えられます。また、修正に関しては、公益目的支出計画の変更の認可等が必要になるかもしれません。

カ キャッシュアウトと会計区分

Q61 実施事業の赤字は、特定寄付のようにキャッシュアウトする必要はなく、特別会計を設ける必要もないという理解でよいでしょうか。

Answer 実施事業の赤字はキャッシュアウトする必要はありません。移行法人（公益目的支出計画が完了したことの確認を行政庁から受けていない法人）が毎事業年度作成し、行政庁に提出する損益計算書（正味財産増減計算書）の内訳表は、実施事業等会計を他の会計と区分し、さらに実施事業等ごとに表示することが求められています。

キ　有限責任中間法人と移行法人との違い

Q62 特例民法法人から一般社団法人へ移行する手続きと，従来の有限責任中間法人が登記手続のみにて一般社団へ移行することの違いについて，手続きが異なる趣旨について説明してください。

Answer 特例民法法人は従来，公益法人として税の優遇措置を受け，財産をためてきましたし，特例民法法人が解散すると財産は国等に贈与しなければなりませんので，それとの均衡から特例民法法人が一般法人に移行する場合には，公益目的支出計画を作成し，それを実施することが求められています。それに対して有限責任中間法人はそういった税の優遇もなかったので縛りもありません。

ク　学術団体の優遇措置

Q63 日本学術会議の学術団体の一つとして，学術の発展に寄与しつつ，学術総会，学会誌の刊行および国内外への社会貢献を目的に活動している団体として，一般に移行する場合であっても，他団体との比較において，何らかの優遇措置は講ぜられる可能性はありませんか。

Answer 学術団体は公益の認定を受けやすいのではないかと思われますので，税の優遇措置を受けたければ公益認定を目指されればよろしいでしょう。

一般法人を選択されれば，税の優遇措置はなく，収益事業課税か普通法人課税になります。

ケ　長期の公益目的支出計画の監督の実効性

Q64 公益目的支出計画の達成に100年以上を要するとしても計算上の合理性があれば認可されると理解していますが，行政庁の監督はそのような長期について実効性を持つのでしょうか。

　　　監督は今後の話ですが，実効性はあると思われます。

コ　移行認可は非営利型か？

Q65 移行認可に当たって，非営利型かそうでないかは，関係がありますか。

　　　移行認可に当たっては非営利型に限定されていません。したがって，営利型の普通法人を選択することも可能です。

サ　一般法人に移行した後に公益認定を目指す

Q66 一般法人へ移行した後に，公益法人へ移行することについてのメリット，デメリットについて教えてください。

　　　5年間の移行期間にこだわらずに公益認定を目指すことができるというメリットがあり，2度手間というデメリットがあるということでしょうか。

シ　公益目的支出計画作成上のポイント

Q67　公益目的支出計画のポイントを教えてください。どのようなことが議論になりましたか。

Answer　実施事業は継続事業を主体とし，特定寄付を追加手段とする。新規事業でない場合には公益目的事業としての整理はなるべくしない。

「確実に実施されること」の観点からは，実施期間中に債務超過にならないように計画する。

以上の2点がポイントと思われます。

5 合議制の機関および行政庁

(1) 合議制の機関の組織

Q68 合議制の機関の組織について教えてください。

　　　　　合議制の機関の組織ですが，国にあっては内閣府の公益認定等委員会です。活動の範囲が一つの都道府県内に収まっている法人については，47都道府県の各合議制の機関になります。国の場合，委員は7名でそのうち常勤委員は当初，元裁判官であった大内さんと公認会計士の私（佐竹）の二人でした。2年半後の平成21年10月からはNPO法人など非営利法人に造詣の深い学者の雨宮さんが加わり，常勤委員3人体制になりました。非常勤の委員は委員長を含めて4名です。各都道府県の委員は全員非常勤です。委員会を支える内閣府公益認定等委員会事務局は120人弱の職員がいて，その構成は各省庁，都道府県からの出向者を中心に，税理士，公認会計士，司法書士などの専門家も含まれています。

　審査は旧主務官庁ごとに10程度の班に分かれて審査が行われます。おのおのの班の企画官（管理職）は旧主務官庁の出身でない者が配属されていました。

（2） 審議の統一性

ア　国と地方の判断の差

Q69　内閣府と都道府県とで公益性の判断に違いが出てくるのでしょうか。

　　　　判断は法律，政令，内閣府令，ガイドラインなどに基づいて行われるため，大きな違いはないものと思いますが，具体的な判断は各合議制の機関が行い，かつ，最終的には委員の多数決によるため，すべての合議制の機関の判断に違いがないということではありません。また，合議制の機関の判断に誤りがあると思われる場合には裁判に訴え，最終的には裁判所の判断に従うことになります。

イ　国と地方の連絡状況

Q70　公益認定等委員会と地方との公益認定等審議会との連絡状況はどのようになっているのでしょうか。

　　　　内閣府の公益認定等委員会と都道府県の合議制の機関との連絡状況ですが，毎年ブロック会議という連絡会を開催し，重要論点，法令解釈，審議状況，審議体制等について情報交換し，また，審議結果にばらつきが出ないように，協議を重ねています。加えて，公益認定等委員会事務局と各行政庁の担当官との間でも同様な協議を行うとともに，システムを利用して常時，地方からの質問事項等について委員会事務局が回答するといった体制を敷いています。

(3) 不認定理由

ア 不認定理由：その1

Q71 「不認定の場合，行政庁より申請者に対し，その理由を包括的に示す」の「包括的」の意味・内容をお教えください。

また，後々の訴訟を防止するという見地から，各都道府県レベルにおいてどの程度まで「理由」の付記を周知徹底される予定でしょうか。

Answer 「包括的」とは，不認定とした委員会の議論の内容を逐一詳細に開示するのではなく，不認定にした理由を簡潔明瞭に示すという意味です。また，「理由」の付記については，各都道府県において法令に従い適切に行われるものと理解しています。

イ 不認定理由：その2

Q72 公益目的事業比率等の形式基準を満たさない旨の説明のみをもって不認定とすることは「理由」の付記として十分でしょうか。

Answer 十分であると思います。

（4） 合議制の機関と行政庁，その他

ア　認定までの期間

Q73 認定を取るのに申請からどれくらいかかりますか。

一概には言えません。申請書類のでき具合，法人の事業内容等により，審査に多くの時間がかかるケースもあります。早いもので3カ月，長いもので1年近くかかっているものもあります。内閣府では当面4カ月を目標にしているようです。

イ　個別相談

Q74 一部地域のみで実施されている「個別相談」について，全国的に実施を義務付けることについて，どのようにお考えでしょうか。

個別相談を実施するかどうかは，各行政庁の判断に委ねられており，内閣府は全国的な個別相談の実施を義務付ける立場にありません。なお，内閣府が行っている窓口相談等は，内閣府を行政庁とする法人に限定されたものではありません。

ウ　申請後処分前に決算を挟んだ場合の追加提出書類

Q75 申請書提出後，認定を受けるまでに決算期末が到来した場合，新年度の予算で申請書を再度作成することが必要ですか。

新年度の予算を反映したものとして申請書を作成し直すことは不要ですが，新年度の予算や当該年度の決算書を提出することになります。

エ　申請の取下げと不認定処分

Q76　公益認定を目指して申請をしましたが，公益事業として申請した事業の中に公益目的事業とされない事業があり，このままでは認定されないことが分かりました。そのときに不認定の処分を受けるのではなく，取り下げて再申請することは可能でしょうか。

移行期間内の取下げ再申請は可能です。また，取下げではなく，不認定の処分を受けることも一つの選択肢です。不認定を受けると不認定理由が明記されますので，不認定理由を解消して再申請すれば確実に認定されるといったメリットがあります。なお，移行期間を過ぎると取下げはできても再申請はできなくなります。ただし，本件のような場合には，当初の申請書類を訂正し，差し替えることが可能ではないかと思われますので，その旨行政庁に相談されてはいかがでしょうか。

オ　再　申　請

Q77　いったん公益認定の申請をして認定されない場合，その申請書類とその後の申請書類との整合性を問われることはあるのでしょうか。

再申請した場合に，不認定となった申請書類との整合性を検討する場合もあるかもしれません。再申請時には，当初申請時からの変更点，変更理由を明確に説明できるようにしておくことが望まれます。

カ　主務官庁の指導監督と行政庁の監督との違い

Q78　当法人は最近，公益財団法人の認定を受けました。評議員であるＡ氏は10年以上にわたって絵画等の美術品を収集し，それを毎年当法人に寄贈してこられました。当法人は当初これらの経緯にかんがみ，この展示スペースを「Ａギャラリー」，寄贈作品を「Ａコレクション」と称し，運営してきました。

　平成〇〇年の特定公益増進法人資格の更新において，主務官庁より，Ａ氏が寄贈による税の恩典を受けながら名前を冠することは，単に個人の所蔵品の場所を移しただけとみられるため，「Ａギャラリー」「Ａコレクション」と称することを止めるようにとの指導があり，それ以後は指導に沿った運営をしてきました。

　最近になりＡ氏からご自身が高齢であることを考慮し，存命中に名前を何らかの形でギャラリーに残したいという強い要望がありました。どのように対応したらよいでしょうか。

　従来の主務官庁制は何をするにも主務官庁に事前に許可を受けなければなりませんでしたが，これはなくなっています。したがって，行政庁（内閣総理大臣または都道府県知事）は認定法の

定める認定基準等の範囲内での監督・立入検査を行うことになります。認定基準等にコレクションの名称等に関する基準はありません。つまり，新制度に移行していれば，主務官庁の指導監督はなくなっていて，法人のセルフ・ガバナンス（内部統治）に委ねられています。法人の理事会の決議等によって「Aギャラリー」「Aコレクション」というような名称を使うことが可能です。

6 会　　計

(1) 会計基準

ア　平成20年会計基準の適用時期

Q79 平成20年会計基準を採用するタイミングについて，申請直前年度から平成20年基準を採用すべきですか。

Answer　公益法人会計基準は平成20年12月1日以降開始事業年度からの採用を予定して制定されたものです。なお，各種申請書は20年基準をベースとする数値を求めているので，早期に20年基準を採用したほうが，決算作業，申請作業の効率化が図られるのではないでしょうか。

イ　ガイドラインと会計基準の位置づけ

Q80 事業費と管理費の定義をしているガイドラインは公益法人会計基準を構成するとの理解でよろしいでしょうか。

Answer　ガイドラインはあくまで法律上の処理の具体的運用方法を明示したものであるため，公益法人会計基準を構成するものではありません。

（2）事業区分

ア　事業のまとめ方（総論）

Q81 事業区分のまとめ方について，どのようにお考えですか。

　　公益認定を受ける場合，公益事業はなるべくまとめた方が第1段階の収支相償をクリアするためには便利でしょう。
　　一般法人に行く，すなわち，公益目的支出計画の認可を受ける場合には，実施事業等（継続事業，公益目的事業，特定寄付）とそれ以外とに分ける必要があります。また，実施事業等については実施事業ごとに分けなさいということになっていますので，これは多い方がいいとか少ない方がいいとかいうものではありません。

イ　定款と計算書類

Q82 事業内容をどの程度詳しく定款に規定すべきですか。規定した事業区分は，事業費の配分にあたり，区分通りに分けないといけませんか。

　　定款に記載する事業内容はその概略が分かる程度に記載すれば足りると思われます。定款に記載された事業内容と事業区分とは通常異なるのではないかと思われます。

ウ 事業のまとめ方（公益認定）

Q83 公益認定を目指していますが，定款の事業区分と申請書の事業区分は一緒でないといけないのでしょうか。

当法人の定款には，1．検査・検定事業　2．人材育成事業　3．出版事業の3つの事業が掲げられていて，3．の出版事業は従来から収益事業として整理をしてきています。また，これらの事業はいずれもボイラーの安全使用に係る事業です。

Answer 定款の事業区分と申請書の事業区分とは一緒である必要はありません。

3つの事業がいずれもボイラーの安全使用に関するものならば，それらをまとめて一つの事業区分として認定申請書を作成されることがよろしいと思います（収支相償の第1段階の説明が楽になるというメリットがある）。

また，従来，出版事業は収益事業として課税対象にしていたとのことです。今後は，税法上の収益事業であっても合議制の機関（国にあっては公益認定等委員会）から公益事業と認められた事業については非課税となります。その旨を申請書類で明らかになるように説明することがよろしいと思われます。

エ 事業のまとめ方と収益事業

Q84 公益目的事業のチェックポイントにおいて事業のまとめ方は実態等から類似・関連するものであればまとめられるが，収益事業等は明確に区分する必要があるとされ，例として博物館における売店事業や食堂事業が掲げられています。しかし，博物館における売店や食堂が計画段

階から不採算であり，どのような努力をしても余剰は生じないことは分かっていても，利用者の利便のために行うものまで収益事業なのでしょうか。

ポイントは「税法上の収益事業であっても認定法上の公益目的事業は非課税」ということに尽きるのではないでしょうか。
売店や食堂を行っていてそれが赤字だから公益事業であるということにはなりません。また，公益事業の利用者の利便のために行うものならば，すべて，収益事業にならないということでもないでしょう。博物館の行っている売店，食堂がそれぞれどのように公益性があるのかについて事業目的との関連から説明し，合議制の機関の判断に委ねられることになります。したがって，博物館における売店，食堂のすべてが収益事業であるとか，あるいは，公益事業であるといったことではありません。

例えば，ある地方で，焼きもの，染物の文化や伝統を支えていこうというようなことから，そういう作品を展示，販売し，こういうものを作ってはどうかといったことを生産者・職人に対して指導をする，そういう活動をすることによって職人や文化を支えていく事業の一環としての売店には公益性があるのではないでしょうか。ところが，普通のおみやげ物屋さんで売っている絵葉書などを売店で売っているような場合には収益事業であることになるのではないでしょうか。実態に即して，その事業にどういった公益性があるのかということをいかに説明し，合議制の機関の有識者の理解を得られるかどうかにかかっているのではないでしょうか。

オ 収益事業の区分経理

Q85 主として公益目的事業を行っている法人ですが，一部それに付随して法人税法上の収益事業が含まれる場合に，

それを区分しなければなりませんか。法人部門の財源として法人会計に含めることはできますか。例えば，自動販売機を収益事業として税務申告している。あるいは，公益目的事業に付随して出版事業を行い，従来は収益事業として税務申告していたという場合です。

自動販売機が公益目的事業の参加者の便宜のために設置されていて，公益目的事業に付随した事業として申請し，認定されれば公益目的事業になります。自動販売機が法人管理部門の人たちしか使用できないような場所に設置されていて公益目的事業でない場合には，収益事業課税の対象になるのではないかと思います。

出版についてですが，例えば公益目的事業を達成するために調査研究をして，その成果を普及するために出版事業をしているような場合には出版事業を公益目的事業に含めて認定申請をされることがよろしいと思います。

そういったことではなく，公益目的事業の財源を稼ぐために，例えば，売店や食堂をやっています，といった場合には，収益事業として区分することが必要となります。

カ　銀行口座の区分

Q86 収支予算の事業別区分経理の内訳表（別表G表）は公益，収益，法人会計に区分していますが，以下の場合はどのように処理するのでしょうか。流動資産の銀行口座が一つしかなく，公益事業，収益事業，法人会計に分けて管理していない場合に，会計基準，貸借対照表内訳表にどのように記載するのでしょうか。

貸借対照表の内訳表が求められるのは，収益事業を行っている法人であり，かつ，収益事業の利益額の50％を超えて公益目的事業に繰り入れる場合だけです。したがって，収益事業を行っていない法人や，収益事業を行っていてもその利益の50％を公益目的事業に繰り入れている場合には，貸借対照表の内訳表は作成しなくてよいことになっています（収支予算の事業別区分経理の内訳表は必要です）。貸借対照表の内訳表を作成する場合であっても，銀行口座まで区分するか否かは，法人の判断になると思われます。

（3） 公益目的事業比率

ア　無償の役務提供（ボランティア）

Q87　無償の役務の提供について，会員による委員会または運営事務について，無償で手当支給がない場合は該当するでしょうか。

該当します。無償の役務提供にかかる費用は，公益目的事業比率の算定に当たってはカウントしますが，収支相償についてはカウントしませんので留意してください。

イ　無償の役務提供の具体例

Q88　「無償の役務提供」の具体例はどのようなものですか。例えば，マラソン大会の走路員派遣などは該当しますか。

例のようなものも該当すると思います。講演料なしの講演会も無償の役務提供です。いろいろなものが該当するでしょう。

ウ　みなし賃料

Q89 自己保有土地に関するみなし賃料の配賦は一定の前提で可能とされていますが，自己保有建物に関する同様の取扱いは存在しないのでしょうか。

自己保有建物については，減価償却費が計上されているため，同様の取扱いは存在しません。

（4）　費用の配賦

ア　費用の按分は必須か？

Q90 専務理事の報酬などを管理費と事業費とに按分して予算内訳書を作成すると，予算管理上不便をきたしますが，費用のすべてを管理費とすることは具合が悪いのでしょうか。また，按分することとした趣旨は何ですか。

専務理事の報酬などのすべてを管理費とすることは差し支えありません。

常勤者が専務理事一人しかいないような小規模法人の場合，専務理事の報酬をすべて管理費として処理しなければならないとすると，公益目的事業比率50％を満たすことができない法人が多くなり，その結果，小規模

法人が公益認定を受けられなくなる。そのような事態を招かないために，いわゆる事業管理費を法人部門の管理費ではなく，事業部門の費用として処理することができるようにしたものです。

専務理事の報酬などを公益事業費として処理しなくても公益目的事業比率が50％以上であるような法人の場合には，事業費に按分せずにすべてを管理費，または管理費と収益事業費等として処理することが予算管理上や決算作業の観点からは便利でしょう。

イ 共通費の按分と根拠証跡

Q91 共通費を按分する場合，執務時間日報等のドキュメント（証跡）を残しておかなければいけないのでしょうか。

Answer 公益認定の申請段階は予算に基づいて審査されます。按分について，予算の段階では執務時間日報等のドキュメントは求められません。決算で理事報酬等を公益事業費にも按分している場合には，立入検査等の段階で，その基礎となる執務時間日報等の記録は当然に求められるものと予想されますので，そのような対応を準備しておくことが必要でしょう。

ウ 費用の配賦方法

Q92 公益目的事業会計内に計上の仕方ですが，すべての収益，費用について，
① まずは，公益１事業，公益２事業，公益３事業等に直接関連する内容を計上する
② 次に共通のものは合理的基準で配賦可能なものは配賦する（電気代を床面積などで）

③　配賦困難なものは共通に計上する（共通に使用している電話代）

　以上の考え方でよいでしょうか。そうであれば減価償却費も，上記①，②，③があり得るということでよいですか。

　　　　ご理解のとおりです。

エ　配賦計算表の位置づけ

Q93　「各事業に関連する費用額の配賦計算表」は，事業費と管理費の計算根拠等を明示させるための表と考えられますが，予算および決算において，配賦処理を仕訳として反映させることでよろしいでしょうか。
　そのような理解でよい場合，当該表は配賦計算の根拠の明示のための資料との理解でよろしいでしょうか。

　　　　そのような理解で結構だと思います。

（5）役員報酬

ア　役員報酬基準の開示

Q94　公益認定を受けると，役員の報酬基準の公開が必要になりますが，これはどのような意味を持つのでしょうか。公認会計士も監事を頼まれることがあるのですが，法律上も責任が明確になりましたし，代理出席も認められないことになりますとそれなりに責任を持った仕事をする代わりに報酬も頂くことになると思うのですが，この辺の報酬基準の公開について，どのようにお考えでしょうか。

Answer　きちんとした仕事をしていただくためにはきちんとした報酬を支払う必要があります。しかしながら，もうけるためにやっているわけではないはずですので，過大な報酬というのもいかがなものかと思われます。そこで，役員にはどういう基準で報酬を支払うかということを開示してもらって，限度額といったものをガバナンスの一つとして見ていこう，という趣旨だと思います。

イ　役員報酬支給の支障

Q95　従来は理事報酬を支給していませんでしたが，今回，報酬を支給することにしたいと思っています。移行段階で何か支障はあるでしょうか。

理事報酬に加え，福利厚生費その他の支出で，剰余金の分配を行わないという非営利法人としての性質を潜脱せず，特別な利益の供与に該当しない限り支障はないと考えます。

ウ　役員報酬等の配賦明細と配賦計算表の記載

Q96
「各事業に関連する費用額の配賦計算表」では
① 役員等の報酬，
② 使用人を兼務する理事の給料手当，
③ 使用人を兼務する理事以外の給料手当，
④ 給料手当計
を記載することが求められています。
(1) 役員報酬や給料手当を「配賦」せず，法人会計に100％充当するのであれば，この配賦計算表は不要ですか。
(2) ①や②において報酬額や給料手当の額を個別に記載する趣旨は何ですか。配賦基準は考え方を示すとしてその根拠数値や報酬額や給料手当の額は変動しますが，どのように記載すればよいのでしょうか。

(1) 役員報酬や給料手当を「配賦」せず，法人会計に100％充当する場合には，その全額を配賦計算表の法人部門に記載することになります。
(2) 報酬や給与の額を個別に記載することを求めている趣旨はその根拠を確認するためです。配賦基準の根拠数値や報酬額等については適正な予算に基づいて記載することになります。

(6) 管理費の財源

ア 寄付金収入の計上区分

Q97 使途の定めのない寄付金収入は，どの会計区分に計上するのでしょうか。

Answer 使途の定めのない寄付金収入は，公益目的事業会計の区分に計上することとなります（認定法第18条第1号）。

イ 寄付金を管理費の財源とする方法

Q98 法人部門の収益がないため，費用のみ発生し，赤字になっています。それを避けるため，賛助会費の50％を限度に法人部門の収益に計上するようにしたいと思いますがいかがでしょうか。

Answer 何も定めずに賛助会費（寄付金）を集めた場合には，原則として公益目的事業にしか使うことはできませんが，例えば，賛助会費の50％を限度に管理費に使用してもよい旨の募集要綱を作成し賛助会費を募れば，そのようにできます。

ウ 公益目的事業しか実施していない場合の管理費の財源

Q99 寄付の場合も公益目的事業に係る対価収入の場合も，管理費の財源を割り振る方法は，内規等の規定で決めておけばよいのでしょうか。

公益目的事業しか実施していない法人の場合には，特に定めを置かなくても管理費の財源に充てることができます。

エ　社団法人の会費収入の計上区分

Q100 社団法人の会費収入の計上区分は，法人会計としてよろしいでしょうか。

公益社団法人の会費収入は，その徴収にあたりその使途を定めなければ，50％は公益目的事業会計に組み入れる必要があります（認定法施行規則第26条第1号）。残余については，法人会計の区分とすることができます。徴収にあたり，使途の全額を法人管理目的と定めた場合には，会費収入の全額を法人会計の区分に計上することができますし，逆に使途の全額を公益目的事業に使用すべき旨を定めた場合には，会費収入の全額を公益目的事業会計に計上しなければなりません。

オ　会費収入と実施事業

Q101 「公益目的支出計画」に関する質問（一般社団法人への移行を予定）です。使途の定めのない会費収入は，実施事業収入の額に算入しないで，全額を法人会計収入と考えていますが，その点に関して，今までの審査で何か問題になったケースはありますか。

問題になったケースはありません。

カ 申請書類と財務諸表の管理費

Q102 認定,認可後の決算における財務諸表の管理費と,認定,認可の申請書類における管理費の考え方はイコールと考えてよいのでしょうか。

Answer 管理費の考え方に申請書類と認定・認可後の財務諸表に相違はありません。

キ 企業の会計慣行との整合性など

Q103 申請書類と財務諸表の管理費とがイコールと考えた場合,一般事業会社における会計慣行というものが,そのまま公益法人には適用されないと考えたほうが整合的ですが,そのような理解でよろしいでしょうか。
　また,この場合に会計監査人が適正意見を出すにあたって,準拠すべき基準は,「公益法人会計基準」のみならず「一般法」「認定法」やその政令,内閣府令,ガイドラインも含むことになるのでしょうか。

Answer 一般事業会社の一般管理費についての会計慣行は,かならずしもそのままのかたちで公益法人には適用されません。
　また,会計監査人が適正意見を表明するにあたっては,その準拠すべき基準として「公益法人会計基準」のみならず「一般法」「認定法」やその政令,内閣府令,ガイドラインも含みます。

(7) 収支相償

ア 収支相償の精神

Q104 新しい規則では、収入が支出を上回ってはならないというのは、補助金等、国民の税金を費消することが前提となっていて、経営努力を頭から軽視しているように思われます。なぜ、このような規定を設けたのですか。

Answer 収支相償は、公益目的事業の実施に要する適正な費用を償う額を超える収入を得てはならない、という実費弁償の考え方を具体化したものです。公益目的事業で黒字になったら、料金を下げてより多くの人に廉価なサービスを提供していこうという精神です。

イ 収支相償を貫くと純資産は減少のみ？

Q105 100％公益しかない法人は収支相償を貫くと純資産の減少だけになりますが、どのように対応することが想定されますか。

Answer 社員総会、評議員会、理事会、監査など法人の管理費がない法人はありませんので、100％公益しかない法人ということはありません。

収支相償は基本財産や指定寄付などの指定正味財産や資産取得資金、特定費用準備資金などを調整して判断されるものですので、純資産が増加しながら収支相償を満たすことが可能です。

ウ　収支相償のクリアの仕方

Q106　収支相償について，プラスになる場合はどのような解決策がありますか。

A　収支相償がプラスになる場合は，一つは指定正味財産，もう一つは特定費用準備資金，さらには公益目的資産の取得資金として整理することによってクリアできます。例えば資産取得資金というのは公益事業をするために法人がビルを賃借しています。しかし40年後にはその倍の面積の資産を自己所有したいと考えて，その資金を40年計画でためています。といってもその計画が具体的であれば，多分ダメということにはならないので，ほとんどの場合には収支相償はクリアできると思われます。

エ　第1段階と第2段階の収益

Q107　収支相償の第1段階と第2段階の収益にはどのようなものが入るのですか。

A　収支相償の第1段階の収益には公益目的事業に直接関連付けられる収益，すなわち，入場料，参加費などが入ります。第2段階の収益には公益目的事業との直接の関連性はないけれども，例えば，公益目的事業に使うことを指定された基金の運用益や，収益事業等の利益の繰入額などが入ります。

オ　収支相償（第1段階）と事業区分：その1

Q108　一つの公益目的事業内において，赤字と黒字の事業がある場合，合算して収支相償を判断すればよいでしょう

か。

一つの事業目的を達成するためにいくつかの活動を行っている場合が多いと思います。例えば，音楽の振興を目的とした法人が，演奏会の開催と音楽家の育成とを行っている場合，それらを一つの事業区分にまとめれば，第1段階における一つの単位として判定します。また，それが黒字の場合には，特定費用準備資金への積立てとして整理します。つまり，次年度以降の当該事業費の財源として使用するという整理になります。

カ　収支相償（第1段階）と事業区分：その2

Q109 複数の公益目的事業を実施する場合の収支相償の第1段階の判定においてプラスになった事業区分がある場合，特定費用準備資金やその他の解消策は，当該事業内のみで考えなければならないと理解しています。恒常的に収益性が高いセミナーについて，単独の公益目的事業として整理したい場合に，受講料の値下げ等の収益性を犠牲にする以外に何か対策はありますか。

収支相償の第1段階でプラスになった場合には，特定費用準備資金への積立てとして整理するか，翌年度の受講料の引き下げによって対応するなどの解消計画等の説明が求められます。したがって，恒常的に収益性が高いセミナーを単独の公益目的事業として整理する場合には，特定費用準備資金などがない場合には，受講料の値下げが必要になるでしょう。

法人が一つの公益目的事業しか行っていない場合には，第1段階を省略し，

第2段階のみの判断となります。

　複数の公益目的事業の経理区分をどのようにまとめるか，といった問題ですが，例えば，芸術財団の場合に，音楽と美術との活動を行っていて，それぞれ会費や寄付金があるような場合には音楽部門と美術部門とは分ける必要があるのかもしれませんが，音楽の演奏会と研修会，奨学金事業などは一本にまとめることがよろしいのではないでしょうか。ただし，公益認定申請書類を作成するに当たっては，演奏会，研修会，奨学金ごとにチェックポイントに沿った公益性の説明をする必要があります。

キ　収支相償（第1段階）が途中で満たせなくなった場合の対応

Q110　当初計画では採算が悪く，収支相償の要件は満たすと判断して研修事業を単独の公益目的事業として申請して認定を受けました。その後，環境の激変により受講生が著しく増加した結果，恒常的に剰余が発生する状況に至りました。ただし，この事業が公益目的事業から除外されたとしても，他の公益目的事業の規模が大きいので，公益目的事業比率は50％を大きく超えます。

　このような場合でも要件を満たさなくなったとして公益認定取消しの対象になるのでしょうか。それとも，公益目的取得財産残額計算には算入するが，公益目的事業比率の判定上や遊休財産保有の基準額上から，上記事業は外されるといった一種のペナルティーのみで問題なしとなるのでしょうか。

Answer　当初，公益目的事業として認定を受けた事業が，その後，収支相償を満たせなくなった場合，そのままですと受講料を下げるなどの解消策について説明を求められます。さらに，受講料

金を引き下げずに恒常的に黒字の状況が続く場合には，受講料金引き下げについての勧告や命令が行われることになるでしょう。公益認定申請に当たって，当初，公益目的事業であった事業を，収支相償を満たさなくなったことをもって公益目的事業から除外することは困難と思われます。また，研修事業を同一の目的の他の公益事業，例えば研究・出版事業と一体化して，第2段階での収支相償を満たすようにする方法も考えられますが，その場合は公益目的事業の種類または内容の変更に該当するため，変更の認定を受ける必要があると思われます。

ク 収支相償（第1段階）と特定費用準備資金

Q111 申請書類提出の段階で，公益目的事業の損益状況が「特定費用準備資金」を積む等の手当てをしないと収支相償を満たせない場合でも，事業の内容がガイドラインに沿って公益性があり，計画が合理的であれば，公益として認められるでしょうか。

Answer ある事業年度で収益が費用を上回る場合でも，特定費用準備資金として積み立てる等の方法により，中長期的に収支相償の要件を満たせばよいことになっています。

ケ 運用益の計上区分

Q112 財団法人は収入のほとんどを特定目的基金と基金財産の運用益によっています。複数の公益目的事業を実施しています。公益目的事業比率の算定において収入を事業別に区分しなければならないのでしょうか。それとも第1段階では収入ゼロ，第2段階では収入総額と費用総額

を比較すればよいのでしょうか。

　　　　　　公益目的事業比率は公益目的事業費用の総費用に対する比率なので，収入は関係ありません。
　　　　　　運用益がどの事業の収入であるか特定できなければ，共通欄での計上でよいと思います。

コ　収支相償（第2段階）と資産取得資金

Q113　「資産取得資金」は収益事業がない場合には，積むことはできないでしょうか。

　　　　　　収益事業を実施していない場合であっても，資産取得資金を積むことができます。

サ　保育園の例

Q114　財団法人の保育園です。保育事業のみを行っており毎期黒字となっています。現状のままでは収支相償をクリアできそうにありません。
　この場合，公益認定は無理なのでしょうか。それとも社会福祉法人など他の形態への移行を検討すべきなのでしょうか。特定費用準備資金を使うことで短期的には収支相償規定をクリアしたとしても将来的に取り崩す段にはどうしても黒字になると思います。これは利益が出ない体質になるように根本的に法人の事業を見直す必要が

あるということになるのでしょうか。

保育園の園舎の建替えや増改築のための資金を「資産取得資金」として整理することによってクリアできる道があります。
　また，寄付金等があり，その使途等が指定されている場合には，指定正味財産として処理することによって寄付金の入金時には収入超過にならないようにすることができますので，検討の余地があるものと思われます。

シ　判定期間は長期でもよいか

Q115　多額の設備投資を要するため，事業開始当初は減価償却および借入金の金利負担により赤字が累積しますが，事業が軌道に乗るにつれ利益が発生していくため，累積赤字が解消されていく事業があります。
　このような長期の事業循環期間（例えば，建物の耐用年数47年）を通じてみれば，累積損失が0となる事業について，収支相償の要件はクリアできると考えてよろしいでしょうか。

事業に公益性がある場合で，当該設備の建替えに要する資金が余り，それを「資産取得資金」として説明することができます。つまり，収支相償は長期的な観点でクリアできればよいものです。

ス　借入金の返済

Q116 公益目的事業の収益で，過去に公益目的保有財産を取得した際の借入金を返済しています。この場合，「借入金の返済」は収支相償の処理の理由として認められるのでしょうか。

Answer 借入金の返済は費用ではないので，原則的に収支相償の支出にはなりません。何らかの特殊事情があり，それを考慮する必要があるような場合には個別の事情について案件ごとに判断されるので，その説明が必要になります。

セ　特定費用準備資金と資産取得資金

Q117 学生寮を運営している法人で，何年か後には建て替えなければなりません。修繕費については特定費用準備資金，建替え資金については資産取得資金として整理して収支相償はクリアできるのでしょうか。

Answer そのとおりです。

ソ　資産取得資金の積立て限度額

Q118 公益認定を受けた後，資産取得資金として例えば積立期間が3年間で，資産取得予定時期が積立期間終了の10年後というのは認められますか。

収益事業等の利益額の50％を公益事業の収入に繰り入れる場合には認められます。50％を超えて繰り入れる場合には3年間では13分の3だけが認められます。

タ 特定費用準備資金と資産取得資金

Q119 特定費用準備資金の積立目的として，将来における建物の改修または新築を設定することは妥当でしょうか。

特定費用準備資金は事業費または管理費として計上されることとなるものに限るものとされています（認定法施行規則第18条）。そのため，修繕のために設定することはできますが，新築のためには設定できません。新築のための積立資金は資産取得資金として整理することになります。

チ 特定費用準備資金の取崩し

Q120 特定費用準備資金等で整理をすると使途が特定されてしまいます。足りないときに使いたいというのが本音なので，取崩しというのは簡単にできるのでしょうか。

従来は基本財産を処分するには主務官庁の許可が必要でしたが，新制度ではそれがなくなりますので，基本財産であっても評議員会の決議等で取り崩すことはできなくはありません。何か特別な事情で赤字が出てしまったので，特定費用準備資金として積んでいたものを取り崩して使いたいというのであれば，特定費用準備資金の計画の変更を行政庁に説明することになろうかと思います。その計画変更の合理性が説明できるようなものであればよろしいのではないかと思います。

（8） 収益事業の利益の公益事業への繰入れ

ア 収支相償と収益事業からの利益の繰入れ

Q121 収益事業等からの利益の繰入れが，50％の場合には，収入費用は必ず"0"又は黒字でなければならないでしょうか。もし，赤字の時は，50％超の繰入れとなるのでしょうか。

Answer 収益事業からの利益の繰入れが50％か，50％超かは，法人の判断によるものとなります。収益事業からの利益の繰入れが，50％の場合には，収入費用は"0"または黒字でなければならないというわけではありません。

イ 50％繰入れと50％超繰入れとの違い

Q122 収益事業等の利益の繰入れが50％超の場合，なぜ減価償却費は差し引かれないのでしょうか。

Answer 収益事業等の利益の50％を繰り入れる場合は発生ベース（減価償却費等）の損益で計算しますが，50％を超えて繰り入れる場合は現金ベース（公益目的保有財産の当期取得支出等）で計算するためです。

ウ 貸借対照表の区分経理が必要な場合

Q123 貸借対照表の区分経理はどのような場合に行えばよろしいのでしょうか。

貸借対照表の区分経理が必要な場合は収益事業があり,なおかつ,収益事業の利益の50％を超えて公益事業に繰り入れる場合に限られていて,それ以外の場合には貸借対照表の区分経理は求められていません。つまり,収益事業がない場合や収益事業があっても,その利益の50％を公益事業に繰り入れる場合には貸借対照表内訳表を作る必要はありません。

エ 貸借対照表の区分方法と継続性

Q124 収益事業等の利益の50％超の繰入れを実施した場合に作成が要請される貸借対照表は,現金等の実際の公益事業への払出を確認するうえで必須であることという観点から理解できますが,公益事業,法人管理と共通して使用している資産,そのために必要となる負債,作成当初の正味財産はどのように分離させればよいでしょうか。

また,50％の繰入れに変更した場合でも,貸借対照表の作成は継続する必要がありますか。

使用割合等適切な基準に基づいて区分表示することになります。また,継続性の観点から,50％の繰入れに変更した場合であっても,当分の間,貸借対照表上は区分して経理する必要があります。

(9) 遊休財産

ア 特定資産と遊休財産額

Q125 現存する資産で，従来の内部留保の規制をクリアするために積んだ特定資産が，特定費用準備資金や資産取得資金の要件を満たしていないのですが，それらの資産が遊休財産とならないためにはどのような方法が考えられますか。

A 公益認定申請に当たって，それらの資産を特定費用準備資金として整理するのか，資産取得資金として整理するのか，あるいは資金の使途，目的を明らかにするようにして指定正味財産として整理をすることが考えられます。

イ 公益目的事業を行うために必要な収益事業等，管理運営に供する財産

Q126 遊休財産額から控除される財産の説明で，公益目的事業を行うために必要な収益事業等や管理運営に供する財産について，説明をお願いします。

A 公益目的事業を行うために必要な収益事業等，管理運営に供する財産については，収益事業等や法人管理業務に使用している資産であり，まさに遊休でなければ広く解釈されています。

ウ リース資産と遊休財産

Q127 中小企業向けに設備貸与事業を行っている場合，流動資産として割賦販売設備，リース資産が計上されますが，公益認定申請上，遊休財産とみなされるのでしょうか。

オンバランスされていれば対応する負債（割賦負債，リース負債）があるため遊休財産にはならないと思われます。

(10) 指定正味財産

ア 寄付金

Q128 公益事業費に充てる資金を数年分（5年分）一括して寄付を受けて「積立金」として保有し，毎年必要となる金額を取り崩す方式は，移行認定申請上認められますか。

「公益目的事業に使うように」というように使途が指定された寄付金は指定正味財産として整理することによって遊休財産とはなりませんので，問題ありません。

イ 元本と果実：その1

Q129 会計基準では，「果実を奨学事業に使用する」と指定されて受け入れた株式や現金は指定正味財産であり，これは基本財産か特定資産として保有することになっています。では，これらの果実である配当金や利息も指定正

味財産でしょうか（一般的には意識されずに，一般正味財産として扱っている例が多いように思います）。

指定正味財産として元本の維持が拘束されるのは，寄付を受けた株式等の元本部分のみであり，果実は一般正味財産として処理するものとの理解が一般的なようです。ただし，果実についてもその使途に指定がかかっているということも考えられますので，このような場合には，果実も指定正味財産とするものと理解しています。

ウ 元本と果実：その2

Q130 株式の寄付を受け，その配当金と預金利息だけで奨学事業を行っています。配当金が100ありますが，費用は奨学金（給費）45と管理費25の合計が70しかありません。差額の30は控除対象財産になるのでしょうか。

配当金が控除対象財産に含まれるかどうかは寄付者が果実の使途を指定しているかどうかによります。使途が指定された果実（配当金）は指定正味財産として整理され，控除対象財産になります。果実の使途が指定されていない場合には配当金は一般正味財産として収益計上され，控除対象財産にはなりません。例えば，果実の3割は管理費に使用してもよいが，7割（100×0.7＝70）は公益事業（奨学金）に使用するように指定されている場合には，30の残高のうち70－45＝25は指定正味財産で控除対象財産になりますが，30－25＝5は一般正味財産の増加高（利益）として整理され，控除対象財産にはなりません。

(11) 共有割合

ア　共有割合：その1

Q131　株式の配当をもって，法人を運営し（法人会計），公益目的事業を実施しています。したがって当該株式は「1．公益目的保有財産」であり「2．公益目的事業に必要な収益事業等その他の業務または活動の用に供する財産」にあたる「共有財産」であり，「共有割合」を記載する必要があると考えています。この場合，共有割合を一定割合で固定する必要があるのでしょうか。

Answer　恣意性を排除するために，共有割合は原則として固定する必要があります。

イ　共有割合：その2

Q132　仮に一定割合で固定する必要があるのであれば，実態とかけ離れますが，「2．公益目的事業に必要な収益事業等その他の業務または活動の用に供する財産」に100％区分しても問題はないでしょうか。

Answer　問題があります。移行公益法人が移行時に有する財産のうち公益目的事業の用に供する財産については公益目的保有財産とする必要があります（認定法施行規則附則2一）。したがって，移行時の実態に沿って「公益目的保有財産」と「公益目的事業を行うために必要な収益事業等その他の業務又は活動の用に供する財産」とに区分することが必

要です。

(12) 会計，その他

ア 基本財産の財源等

Q133 財務諸表に対する注記「5．基本財産および特定資産の財源等の内訳」によると，基本財産の財源の（うち負債に対応する額）欄が―になっているのはなぜですか。

Answer 基本財産の財源に負債は想定していないためです。

イ 基 金

Q134 正味財産中の「基金」の設定について定款変更，募集方法，使用目的について説明をお願いします。

Answer ご質問の「基金」は，新制度で社団法人について新たに設けられた制度であり，これまで各法人が任意に設置してきた基金はこれに該当しませんのでご注意ください。この基金を設定するには，

① 定款に基金の拠出者に関する権利，基金の返還手続について定めを置く必要があります（一般法第131条）。

② 募集に当たっては，募集の都度，募集に係る基金の総額等，払込期日等の募集要項を定め（一般法第132条第1項），当該募集要項および払込取扱いの場所等を通知します（一般法第133条）。

③　基金の用途についての法の定めはなく，特定の目的がある場合にはその旨募集要項に記載し，基金拠出後に基本財産または特定財産として表示することとなります。

ウ　税務申告と損益計算

Q135　収益事業における課税所得の計算上は，従前と同様，税務上の損益計算書を別途作成するという理解でよろしいでしょうか。

A　税務上の損益計算書を別途作成する必要がある場合も多いのではないかと思われます。

エ　関連当事者との取引の開示

Q136　理事の出身企業から物品やサービスを購入する場合，利益相反（自己取引）の観点から，財務諸表上，取引の内容等を示す必要があるのでしょうか。

A　関連当事者とは，次に掲げるものをいうとされています。すなわち，

①　当該公益法人を支配する法人
②　当該公益法人によって支配される法人
③　当該公益法人と同一の支配法人を持つ法人
④　当該公益法人の役員またはその近親者

以上です。したがって，これに該当する場合で一定金額以上の取引がある場合には取引の内容を開示することが求められますが，理事の出身企業というだけ

で関連当事者に該当することにはなりません。

オ　税効果会計

Q137 一般法人への移行を考えています。税効果会計を適用し移行時に繰延税金資産が計上されている場合，公益目的財産額の算定にあたって繰延税金資産を控除してもよいでしょうか。それとも，繰延税金資産が計上されていれば，強制的に公益目的財産額にこれを含むことになるのでしょうか。

Answer 繰延税金資産を計上している場合には，公益目的財産額に含むことになります。

7 機関, その他

ア 役員の3分の1規定

Q138 監督官庁の職員が理事の3分の1以上はダメと考えてよいのでしょうか。

Answer そのとおりです。

イ 評議員

Q139 評議員の中に、会員以外の外部の方を入れたほうがよいと聞いたのですが、必ず入れなければならないのでしょうか。少数(例えば一人)でもよいのでしょうか。また、そのように規定する法令はあるのか教えてください。

Answer 新制度での「評議員」は株式会社の株主と同様の広範で強力な権限を持ち、また、4年間の任期の保証もあります。したがって、最初の評議員の選任に関しては、任意の機関として中立的な立場にある者が参加する機関を設置し、この機関の決定に従って評議員を選任することが望ましいといえます。これに関する法令の明確な規定はありませんが、法令の考え方が示されています(FAQⅡ-1-③, FAQⅡ-2-①)。

ウ　新公益財団法人の監事の監査報告書

Q140　監事の監査報告書の記載内容は法定されていますか。

一般法施行規則第36条に規定されています。

エ　申請書への事業内容の記載方法

Q141　公益認定申請書の，個別の事業の内容は，どの程度詳しく書けばよいのでしょうか。また，公益目的事業となるかどうかの判断はどのようにされましたか。

　　　　　公益事業の判断という場合には事業の公益性（別表該当性）と不特定多数性です。それをどの程度詳しく書けばよいかというご質問ですが，別表該当性と不特定多数性とについて，それぞれ分かりやすく書いてもらえればよいということです。量を多く書く必要はありません。分かりやすく書くということが大事だと思います。特に後者の不特定多数の者の利益に寄与する点については，ガイドラインの参考として掲げられている「公益目的事業のチェックポイント」を参考に記載すると分かりやすい記載になると思います。
　例えば奨学金のような事業の場合，一言でいえば，不特定の者を対象にしていて，公平に透明に選考等がされているか，といったことを説明すればよいということだと思います。この場合，今までやってきたことだけを書くということではなくて，今後どのように運営をしていくのだ，という事業内容の見直しも含めて検討する。例えば，今までは広く一般に開かれていなかったけど，今後は広く一般に開かれた形で運営をしていくように受講者の範囲を広げてい

く，そのようなことを検討することが「民による公益の増進を目指して」という趣旨にも合致するのだろうと思います。

　法人が行う公益事業の内容について制度改革を機会に見直す。従来のままだと共益事業にしかならないものを，見直しによって少しの努力でも公益事業に変えていく。そうすることが我が国の民による公益活動を増進していく大きな力になっていく源泉になると思います。

オ　法人の所在の独立性

Q142　社団法人○○の本部所在地が○○高校の中にあります。公益認定を目指していますが，実質的な活動とは別に法人の外観上，弱点があるのではないかとの懸念がありますが，いかがでしょうか。本部所在地を移す必要はありますか。

　必要ありません。法人がどのような活動をしているかどうかが公益認定の基準です。

カ　公益認定取消し後の法人運営

Q143　公益法人に移行した後に公益認定を取り消された場合，当該法人はどうなりますか。

　公益目的財産残額を国等に贈与し，残余があるときは一般法人として存続することとなります。残余がない場合には解散となります。

8 その他のよくある誤解

ア 認定取消しのリスク：連座制が怖いから一般法人を選択した方がよい？

Q144 認定取消し要因に合致した理事がいる場合，辞任や解雇をしても認定取消しは免れず非常にリスクが高いので，事業の公益性は高いと思っていますが，一般法人への移行を考えています。

Answer　理事，監事，評議員の中に，公益認定を取り消された他の公益法人の業務を行う理事であって，取消しから5年を経過していない者がいる，といった欠格事由に該当する理事がいる場合には，当該法人も認定取消しになります。しかしながら，認定取消し要因に合致した理事は，取消し要因に係る業務の執行を担当する理事に限定されていますので，認定を取り消された他の公益法人の全ての理事が該当するわけではありません。また，他の法人が認定取消しになる前に「勧告」「命令」が出され，それぞれその内容は公示されますので，リスクが感じられる場合は事前に解雇，辞任等の措置をしておくことによってリスク回避が可能です。非常にリスクが高いわけではありません。

イ　認定基準に違反するとすぐに認定取消し？

Q145　公益移行すると認定基準を毎年満たしていないと認定取消しになるのですか。

　　　　そんなことはありません。一時的に認定基準を満たしていない（法令に違反している）場合には行政庁（内閣総理大臣または都道府県知事）は監督する必要からその理由，対策などを聞くことになります。その理由，対策などの説明が合理的であれば，その旨を合議制の機関（国にあっては公益認定等委員会）に報告するだけで，それ以上の措置は取られないものと思われます。

　その説明が合理的でない場合，例えば，対策が明らかに不十分と思われるような場合には合議制の機関の議を経て，行政庁は法人に対して「勧告」をすることになります。それは期限を定めて，取るべき必要な措置を勧告し，その内容は公表されます。

　その勧告を受けた公益法人が，正当な理由なく，その勧告に係る措置を取らなかったときは同様の手続きを経て，その勧告に係る措置を取るべきことについて「命令」を出すことになり，その旨公示されます。

　正当な理由なく「命令」に従わなかったときは，同様の手続きを経て，公益認定を取り消すことになるわけです。

　すなわち，かなり悪質な法令違反でない限り，認定基準を満たさないで認定取消しになることは想定されていません。

ウ　一般法人の前例があると公益認定は無理？

Q146　各都道府県に同様の事業を行っている団体があって，先に他県で一般移行している前例がある場合，公益認定は取れないのですか。

そんなことはありません。あくまで当該法人が行う事業のうち、公益目的事業の費用の割合が50％以上であること、などの認定基準に合致しているかどうかの観点から法人ごとに判断されます。したがって、同じような事業を同じようなやり方で行っている2つの法人がある場合、公益目的事業比率が40％の法人は公益認定を受けられませんが、60％の法人は公益認定を受けられることになります。

エ　流動資産は遊休財産？

Q147 流動資産は未収金も含め、全額遊休財産になると聞きました。

そんなことはありません。「遊休財産額」は「純資産額」（総資産－総負債）から「控除対象財産（対応する負債の額を除く）」を引いた残額という差額によって計算される金額です。流動資産はここでいう控除対象財産にはなりませんが、流動資産の全額が遊休財産になるわけではありません。多少細かくなりますが、例題で説明しましょう。

貸借対照表

流動資産			負債		
現金預金		30	未払金		20
未収金		20	借入金		40
その他		80	その他		20
固定資産			賞与引当金		20
基本財産			負債合計		100
土地		80	指定正味財産		70
建物		40	一般正味財産		80
資産合計		250	負債・正味財産合計		250

※1　控除対象財産は公益目的保有財産とした土地（80）および建物（40）
※2　資産の科目と対応関係が明らかな負債の額は次のとおり。
　　未払金（20）は翌期首に現預金から支払うもの
　　借入金（40）は次の資産の取得に充てている（建物10、運転資金30）。

個別対応方式と簡便方式がありますが，ここでは個別対応方式の計算を示します。

$$\underset{資産}{250} - \underset{負債}{100} - (\underset{控除対象財産(A)}{120} - \underset{対応負債(B)}{18}) = \underset{遊休財産額}{48}$$

$$\underset{対応負債(B)}{18} = \underset{控除対象財産に対応する負債}{10} + \{(\underset{控除対象財産(A)}{120} - \underset{控除対象財産に対応する負債}{10} - \underset{指定正味財産}{70})$$

$$\times \frac{\underset{負債}{①100} - \underset{引当金}{20} - (\underset{各資産に対応する負債の合計額}{20 + 10 + 30})}{\underset{一般正味財産}{(①+80)}}\}$$

この例では以上のように，流動資産の合計は130ですが，遊休財産額は48です。流動資産の全額が遊休財産になるものではありません。

オ　無配の株式は公益目的保有財産にならない？

Q148 無配になっている株式や金利ゼロになっている債券は，公益目的保有財産にならないのですか。

Answer そんなことはありません。無配になっている株式，金利ゼロの債券も公益目的保有財産になります。

カ　借入金のある法人は公益法人になれない？

Q149 一部のコンサルティング機関等では，公益目的事業用不動産に係る借入れの返済は収支相償上の費用として認められないので公益認定は難しい，一般に行くしかないと言われるのですが，本当ですか。

借入金の返済は費用ではないので収支相償の費用にはなりません。しかしながら，収支相償は指定正味財産，特定費用準備資金，資産取得資金等で整理することによってクリアできる場合が多いため，収支相償や遊休財産保有の制限などで認定基準を満たせない法人は少ないものと考えられます。借入金があっても公益認定は受けられますし，収支相償も満たしながら借入金の返済は十分に可能です。収支相償や遊休財産額保有の制限がクリアできないと思われている法人にあっては，内閣府公益認定等委員会事務局や筆者などに早めに相談されることをお勧めします。

キ 基金は一切取り崩せない？

Q150 申請時に一度公益目的保有財産とした〇〇基金は，想定外の収入減少があった場合，公益事業規模の維持のためにやむを得ず公益目的保有財産を取り崩す，ということも一切認められないのですか。

そんなことはありません。そもそも公益目的保有財産は公益目的事業を行うために保有する財産なので，公益事業のために使用することが必要です。ご質問の趣旨は公益目的保有財産として元金を維持し，利息を公益事業の財源とした基金の運用益が低金利の影響で減少し，公益事業規模を維持するためには元本を取り崩す必要に迫られた時，それが認められないのか，ということかと思います。基金を取り崩すことについて，法人内のしかるべき決議を経て取り崩すことは可能です。

さらに，従来の主務官庁制の下では基本財産を取り崩すためには主務官庁の許可がないとできませんでした。新制度では主務官庁制がなくなるので，基本財産を取り崩す場合であっても行政庁，主務官庁の許可は不要です。

ク 特定資産は単一の事業にしか使えない？

Q151 基本財産として保有する金融資産は公益目的保有財産として複数の公益事業に充てることもできますが，特定資産の場合は特定の事業に充てるものなので単一の公益事業にしか使えないのですか。

Answer そんなことはありません。例えば，減価償却累計額に相当する減価償却引当特定資産を持っている場合，減価償却資産には複数の公益事業の資産や，収益事業等のための資産，管理業務に使用する資産も含まれている場合が多いと考えられますが，このような場合でも複数の公益事業に使えることは明らかです。

ケ 社団法人の基金と財団法人の基金とは同じ？

Q152 社団法人に認められた「基金」と財団法人の○○基金とは同じ概念の資金ですか。

Answer 社団法人について法律上認められた「基金」は拠出者への返還義務があります。それに対して寄付者による使途の指定や法人の意思で任意に設定した○○基金は拠出者への返還義務のないもので，両者は全く性格の異なるものです。

コ 役員の3分の1規制

Q153 公益認定申請を考えています。役員には他の同一の団体から3分の1以上就任してはいけないとなっていますが，公益社団財団法人も他の同一の団体に入るのですか。

公益法人の理事等は除かれていますので、3分の1規制の対象外となります。

索　引

〔あ行〕

一般法人 ……………………………52, 56
医療事業……………………………………25
営利競合 ………………………………27, 28

〔か行〕

会計基準………………………………………65
会計区分………………………………………54
ガイドライン…………………………………65
貸席業…………………………………………31
ガバナンス…………………………………3, 36
株式保有………………………………………35
借入金………………………………………103
借入金の返済…………………………………86
監事………………………………………3, 18
監督・立入検査………………………………4
管理運営に供する財産………………………90
管理費………………………………76, 79, 87, 92
関連当事者……………………………………95
基金…………………………………94, 104, 105
基本財産………………………………………94
共益……………………………………………23
共益事業……………………………………6, 24
共済事業………………………………6, 31, 43, 46
行政庁………………………4, 46, 61, 63, 87, 104
共通費の按分…………………………………72
計画実施期間………………………………49, 50
継続事業……………………………8, 43, 44, 45, 46, 57
経理的基礎……………………………………37
公益事業………………………………………24
公益性……………………………………24, 98
公益性の判断…………………………………2
公益認定等委員会……………………2, 58, 59, 67
公益認定等委員会事務局…………18, 20, 59
公益認定取消し………………………………99

公益法人………………………………………5, 52
公益目的財産額……………………8, 39, 40, 42
公益目的事業 ……………………………6, 43, 46
公益目的事業比率…………………………7, 60
公益目的事業を行うために必要な
　　収益事業等………………………………90
公益目的支出計画 ……8, 12, 40, 43, 44, 46,
　　　　　　　　　　　47, 48, 51, 53, 56, 57
公益目的支出計画実施報告書………………52
公益目的保有財産…………………………93, 103
合議制の機関…2, 8, 45, 47, 58, 59, 61, 67, 68
合議目的事業…………………………………47
控除対象財産…………………………………92

〔さ行〕

再申請…………………………………………62
財団法人………………………………………2
時価評価………………………………………41
事業区分………………………………66, 80, 81
事業の公益性…………………………………22
資産取得資金 ………7, 79, 80, 84, 85, 86, 87
施設管理………………………………………28
実施事業……………………41, 43, 44, 46, 47, 49, 57
実施事業資産…………………………………40
実施事業収益…………………………………44
指定管理者……………………………27, 28, 30
指定正味財産………………………7, 79, 85, 91, 92
支部……………………………………………36
社員総会………………………………………19
社団法人……………………………………2, 24
収益事業……26, 41, 43, 52, 67, 68, 69, 88, 95
収益事業課税…………………………………10
収支相償 ……7, 28, 34, 67, 79, 80, 81, 82,
　　　　　　　　　　　83, 84, 85, 86, 88, 103
主務官庁………………2, 3, 5, 15, 44, 45, 46, 63, 104
主務官庁制…………………………2, 5, 42, 104

助成事業……………………………………35
申請の取下げ………………………………62
税効果会計…………………………………96
セルフ・ガバナンス(内部統治)……………3

〔た行〕

貸借対照表の区分経理……………………88
退職給付引当金……………………………39
代理出席……………………………………19
定款……………………………………18,66
ディスクロージャー…………………………4,15
展示会………………………………………31
同業者………………………………………23
特定寄付……………………………8,43,46,47,57
特定公益増進法人…………………………10
特定資産…………………………………90,105
特定費用準備資金…………7,79,83,86,87
特別の利益……………………………13,33,34
特例民法法人………………………………55

〔な行〕

内閣府公益認定等委員会……………20,21,47
認定取消し……………………………11,100,101
認定法に定める公益目的事業……………8

〔は行〕

配賦計算表…………………………………73
評議員…………………………………3,15,18,97

評議員会………………………………3,15,19
費用の配賦…………………………………71
不特定かつ多数の者の利益………………22
不特定多数…………………………………23
不特定多数性………………………………98
不認定………………………………………60
不認定の処分………………………………62
分収林………………………………………32
別表該当性……………………………22,25
訪問看護ステーション……………………28

〔ま行〕

みなし寄付…………………………………10
民による公益の増進………………………3
無償の役務提供……………………………70

〔や行〕

役員の3分の1規定…………………………97
役員報酬…………………………………74,75
有価証券……………………………………42
遊休財産…………………………………91,102
遊休財産額…………………………………90
遊休財産額保有の制限……………………7

〔ら行〕

理事……………………………………3,18
理事会…………………………………3,19

著者紹介

佐竹　正幸（さたけ　まさゆき）

　現　　職：佐竹経営税務会計事務所所長

経歴等

1971年慶應義塾大学商学部卒業，1971年監査法人中央会計事務所（現みすず監査法人）入所，1977年公認会計士登録，1983年同法人社員，1985年同法人代表社員，2006年同法人退職。2007年内閣府公益認定等委員会委員（常勤）就任，委員長代理，2010年同委員任期満了につき退任。2010年佐竹経営税務会計事務所開業

佐竹経営税務会計事務所

主要業務：公益法人を含む会計・監査，コンサルティング業務，
　　　　　研修事業など

〒101-0041　東京都千代田区神田須田町2−17　サガミビル8階
　　ＴＥＬ：03−6206−0916
　　ＦＡＸ：03−3253−8779
　　ＵＲＬ：http://www.msatakecpa.com
　　e-mail：msatakecpa@gmail.com
【ブログ・公益法人】
　　http://ameblo.jp/msatakecpa/

著者との契約により検印省略

平成22年12月1日　初版発行 平成23年10月1日　新版発行	目からウロコ！ こんなにやさしかった公益認定 〔新　版〕

　　　　　　著　　者　　佐　竹　正　幸
　　　　　　発行者　　大　坪　嘉　春
　　　　　　印刷所　　税経印刷株式会社
　　　　　　製本所　　株式会社　三森製本所

発行所　東京都新宿区　　株式　税務経理協会
　　　　下落合2丁目5番13号　会社
郵便番号 161−0033　振替 00190−2−187408　電話(03)3953−3301(編集部)
　　　　　　　　　　FAX(03)3565−3391　　　　(03)3953−3325(営業部)
　　　　　　　　　　URL http://www.zeikei.co.jp/
　　　　　　　　　　乱丁・落丁の場合はお取替えいたします。

　Ⓒ　佐竹正幸　2011　　　　　　　　　　　　　Printed in Japan

本書を無断で複写複製（コピー）することは，著作権法上の例外を除き，禁じられています。本書をコピーされる場合は，事前に日本複写権センター（JRRC）の許諾を受けてください。
JRRC(http://www.jrrc.or.jp　eメール:info@jrrc.or.jp　電話:03-3401-2382)

ISBN978−4−419−05699−5　C3034